DAS OFFIZIELLE KOCHBUCH

800
600
400
200
ML

DAS OFFIZIELLE KOCHBUCH

REZEPTE VON AUGUST CRAIG
TEXTE VON JAMES ASMUS

PANINI BOOKS

INHALT

SMITH-SANCHEZ FAMILIENREZEPTE

HAUSWIRTSCHAFTSLEHRE – QUARTALSPROJEKT

von MORTY SMITH

Webster's Dictionary definiert »ESSEN« als: »den Vorgang oder den Zeitraum, in dem man Nahrung zu sich nimmt, um seinen Hunger zu stillen.«

Und obwohl wir uns bei unseren Mahlzeiten meist vor allem auf den »Vorgang« beschränken, brachte mich diese Hausarbeit dazu, mich eingehender mit dem »Zeit«-Aspekt dieser Definition zu beschäftigen.

Die Speisen, die wir gemeinhin als »Familienessen« bezeichnen, sind die, die in den Momenten, die wir mit anderen zubringen, aus irgendeinem Grund bei uns Eindruck hinterlassen. Entweder, weil sich jemand die Extraportion Liebe und Mühe gegeben hat, die die Zubereitung einiger Gerichte erfordert, oder weil diese Speisen einfach traditionell dazugehören, wann immer sich die Familie trifft.

Meine Familie ist ein bisschen ungewöhnlich – was deshalb vermutlich auch für einige der hier versammelten Rezepte gilt. (Ähm, das hat jetzt vielleicht nichts mit diesem Projekt zu tun, aber an dieser Stelle sollte ich vielleicht anmerken, dass vor allem mein Grandpa Rick alles andere als begeistert war, als ich sagte, ich bräuchte ein paar Familienrezepte. Und wenn ihm was gegen den Strich geht, so wie das hier, ist das Risiko groß, dass er irgendwas vollkommen Unangebrachtes tut, um seinen Standpunkt zu verdeutlichen oder seinen Willen zu kriegen oder einfach bloß, um alle emotional zu bestrafen, die ihn dazu zwingen, etwas zu tun, das ihm nicht passt. Falls er hier also irgendwas Anstößiges oder so reinschmuggelt, war das NICHT ICH!)

Jedenfalls freue ich mich, dass dieses Projekt mir die Möglichkeit gibt, die unterschiedlichen Mitglieder und Erinnerungen meiner Familie zu würdigen. Und ich hoffe, das eine oder andere dieser Rezepte wird für euch und eure Liebsten zu einem genauso besonderen »Mahl«, wie es das für uns ist … irgendwie.

Roy
Rocket

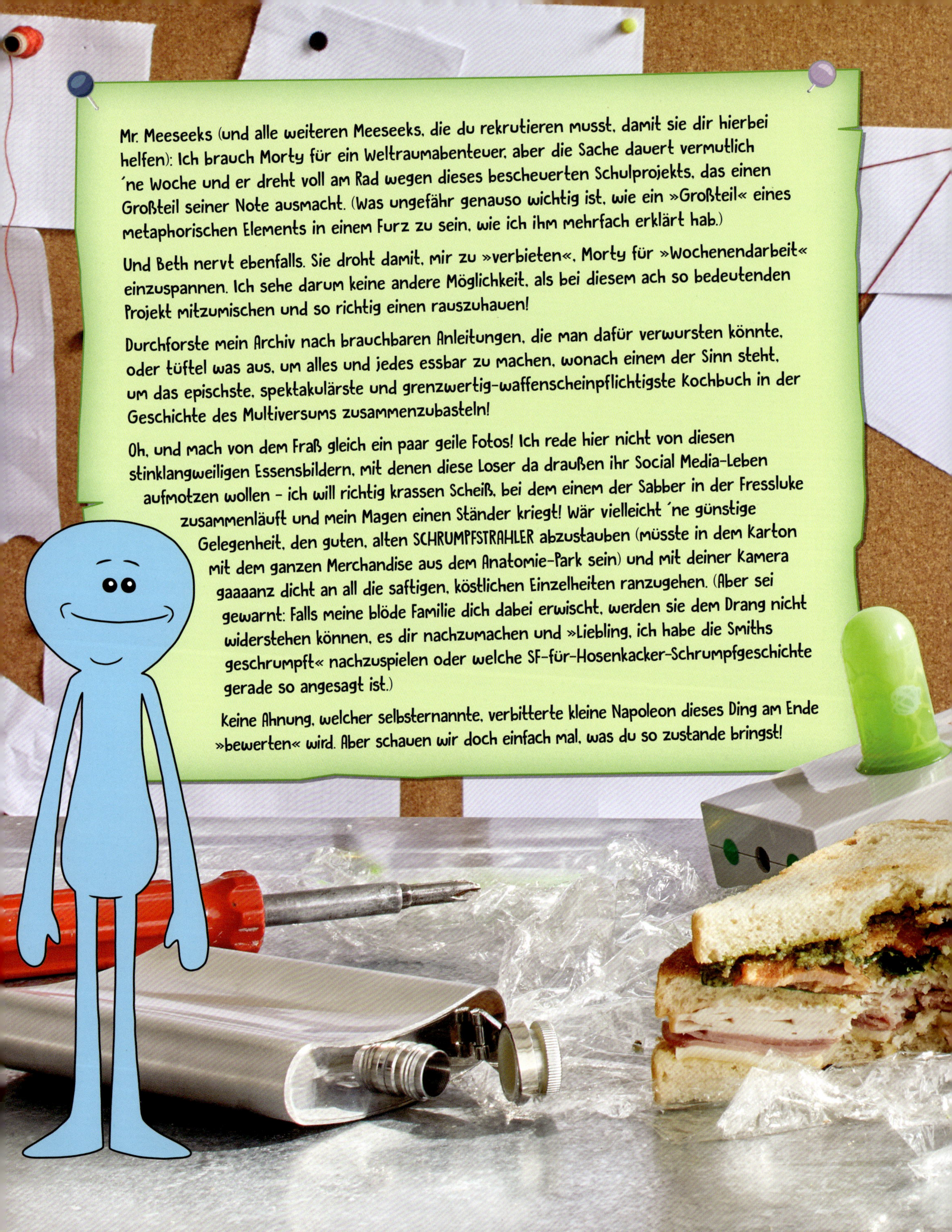

Mr. Meeseeks (und alle weiteren Meeseeks, die du rekrutieren musst, damit sie dir hierbei helfen): Ich brauch Morty für ein Weltraumabenteuer, aber die Sache dauert vermutlich ´ne Woche und er dreht voll am Rad wegen dieses bescheuerten Schulprojekts, das einen Großteil seiner Note ausmacht. (Was ungefähr genauso wichtig ist, wie ein »Großteil« eines metaphorischen Elements in einem Furz zu sein, wie ich ihm mehrfach erklärt hab.)

Und Beth nervt ebenfalls. Sie droht damit, mir zu »verbieten«, Morty für »Wochenendarbeit« einzuspannen. Ich sehe darum keine andere Möglichkeit, als bei diesem ach so bedeutenden Projekt mitzumischen und so richtig einen rauszuhauen!

Durchforste mein Archiv nach brauchbaren Anleitungen, die man dafür verwursten könnte, oder tüftel was aus, um alles und jedes essbar zu machen, wonach einem der Sinn steht, um das epischste, spektakulärste und grenzwertig-waffenscheinpflichtigste Kochbuch in der Geschichte des Multiversums zusammenzubasteln!

Oh, und mach von dem Fraß gleich ein paar geile Fotos! Ich rede hier nicht von diesen stinklangweiligen Essensbildern, mit denen diese Loser da draußen ihr Social Media-Leben aufmotzen wollen – ich will richtig krassen Scheiß, bei dem einem der Sabber in der Fressluke zusammenläuft und mein Magen einen Ständer kriegt! Wär vielleicht ´ne günstige Gelegenheit, den guten, alten SCHRUMPFSTRAHLER abzustauben (müsste in dem Karton mit dem ganzen Merchandise aus dem Anatomie-Park sein) und mit deiner Kamera gaaaanz dicht an all die saftigen, köstlichen Einzelheiten ranzugehen. (Aber sei gewarnt: Falls meine blöde Familie dich dabei erwischt, werden sie dem Drang nicht widerstehen können, es dir nachzumachen und »Liebling, ich habe die Smiths geschrumpft« nachzuspielen oder welche SF-für-Hosenkacker-Schrumpfgeschichte gerade so angesagt ist.)

Keine Ahnung, welcher selbsternannte, verbitterte kleine Napoleon dieses Ding am Ende »bewerten« wird. Aber schauen wir doch einfach mal, was du so zustande bringst!

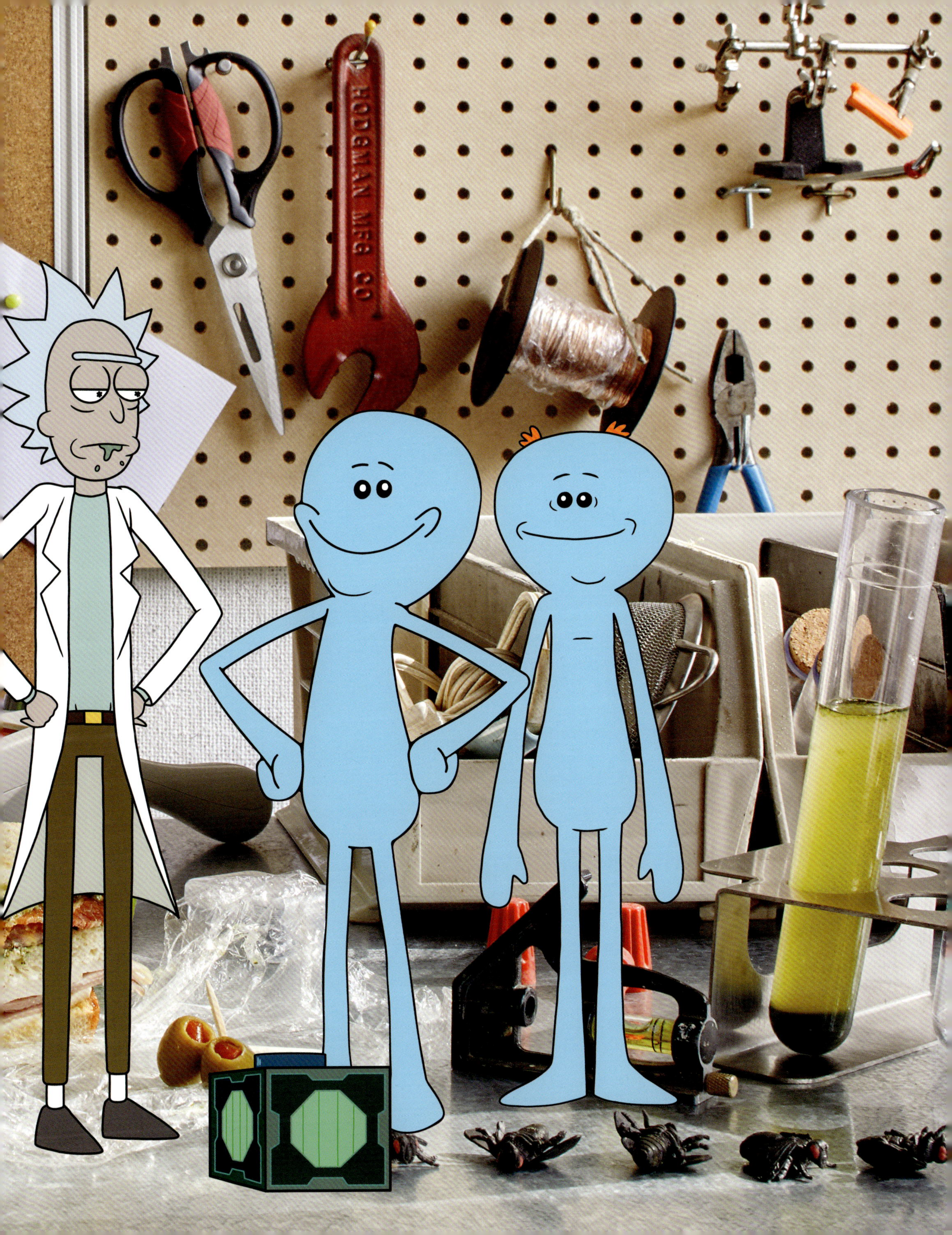
HODGMAN MFG CO

FRÜHSTÜCK

BUTTERBOT_NARC-KAM_AUDIO-LOG_00152:

MORTY: Menno, Mom, wir kriegen IMMER dasselbe zum Frühstück! Kannst du nicht mal was anderen machen? Ich mein, schon klar, die Frühstücksmöglichkeiten in diesem Land sind ziemlich BEGRENZT … schließlich sind wir Amerikaner … Aber es gibt da draußen definitiv mehr als PANCAKES!

BETH: Oh, verzeiht mir, Eure Hoheit. Tut mir leid, dass du eine LIEBENDE MUTTER hast, die jeden Morgen EXTRA FRÜH aufsteht, um für euch zu kochen, bevor sie arbeiten geht, um den LEBENSUNTERHALT FÜR DIESE FAMILIE ZU VERDIENEN!

MORTY: Umpf. Okay. Ich meinte ja bloß, wir könnten doch mal …

BETH: Wenn du zu viel interdimensionale Werbespots geguckt hast und jetzt Augenhöhlen oder Erdbeer-Squanchzeug oder sowas haben willst, bitte doch deinen GRANDPA, von seinem nächsten Trip mal was anderes mitzubringen als MONSTER und … WELTRAUM-HERPES!

MORTY: »Weltraum-Herpes« bekäme man im WELTALL. Hier geht´s aber um ANDERE DIMENSIONEN …

HEULEN **KRACHENDE GERÄUSCHE** **PORZELLAN ZERSPLITTERT**

BETH: SO! JETZT ZUFRIEDEN? KEINE PANCAKES MEHR! MACHT EUCH EUER DURCHGEKNALLTES FRÜHSTÜCK GEFÄLLIGST SELBST!

KEIN MEGABAUMFRUCHT-SALAT

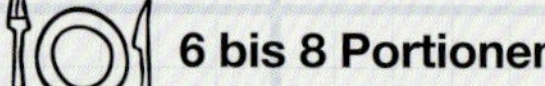

6 bis 8 Portionen

Zubereitung: 25 Minuten

Erinnerst du dich an diese Megabaumfruchtsamen, Morty? Tja, da es deinem Grandpa in dieser Region der Galaxis rein rechtlich nicht »erlaubt« ist, irgendeine Form von Megabaumfrucht im Kühlschrank zu haben, ist es definitiv »kein Code«, wenn ich dich bitte, diesen hundertprozentig total normalen »KEIN Megabaumfrucht-Salat« zuzubereiten. (Doch du weißt, dass du´s richtig gemacht hast, wenn du – nachdem du eine Portion probiert hat – das Haus der Nachbarn hochheben kannst.)

1 Ananas

3 grüne Kiwis

1 weiße Drachenfrucht

2 gelbe Pfirsiche

170 g Blaubeeren

280 g Erdbeeren, in Scheiben geschnitten

Saft von ½ Zitrone

1. Die Ananas der Länge nach halbieren und dann von beiden Seiten aus dem Strunk herausschneiden.
2. Das Innere der Ananas vorsichtig in einem Gittermuster einritzen.
3. Das Fruchtfleisch aus den Ananasflächen löffeln; dabei genügend Schale übrig lassen, um die Hälften später als Servierschüsseln zu verwenden.
4. Die Kiwis schälen und fein würfeln.
5. Die Drachenfrucht schälen und fein würfeln.
6. Die Pfirsiche halbieren, um den Kern zu entfernen, dann in Scheiben schneiden.
7. Die Blaubeeren abspülen und abtrocknen; etwaige Stiele entfernen und entsorgen.
8. Die Erdbeeren entstielen und in Viertel schneiden.
9. Den Zitronensaft über das Obst pressen oder gießen.
10. Alles behutsam miteinander vermischen, sodass die Obstscheiben möglichst intakt bleiben. Dann zum Servieren in die ausgehöhlten Ananashälften füllen.

Und jetzt …

Verspachtelt das Obst und spürt, wie die Kraft eines Gottes durch eure Adern strömt! Ihr seid kugelsicher! Ihr seid unaufhaltsam!

PANCAKES MIT EXTRA SIRUP

 10 bis 12 Pancakes

 Zubereitung: 25 Minuten
Kochzeit: 35 Minuten

Dies hier ist zweifellos eins unserer liebsten Familiengerichte. Wenn's um Smith-Sanchez-Familientraditionen geht, kommt vermutlich nichts näher ran als Pancakes. So wie hier beschrieben, hat meine Mutter ihre Pancakes immer zu besonderen Anlässen zubereitet. Mit einer Extraportion Liebe!

Leider komme ich nicht dazu, sie so häufig zu machen, wie ich's gern täte. Aber es freut mich, dieses Rezept hier mit euch zu teilen, in der Hoffnung, euer Leben so mit ein bisschen von der Besonderheit zu erfüllen, mit der meine Mutter die Welt stets zu bereichern versuchte.

NOTIZ VON
JERRY SMITH!

Was würd's kosten, in den Genuss dieser »Extraportion Liebe« zu kommen?! Ich frag dich doch ständig nach den »Spezial-Pancakes«!

AHORNSIRUPCHIPS

 Ca. 300 g Chips

 Zubereitung: 20 Minuten
Kochzeit: 15 Minuten

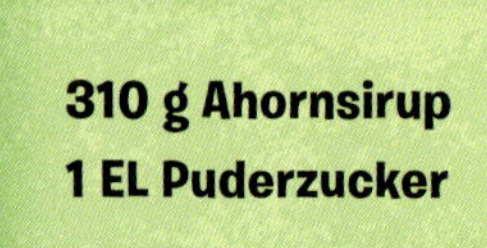

310 g Ahornsirup
1 EL Puderzucker

1. Den Ahornsirup in einem kleinen Topf erwärmen und sanft zum Köcheln bringen. Dann den Sirup behutsam auf 150 °C erhitzen.
2. Den heißen Sirup auf ein mit Backpapier ausgelegtes Backblech gießen und mit einem Spatel dünn verstreichen.
3. Den Sirup bei Zimmertemperatur so lange abkühlen lassen, bis er fest wird.
4. Den getrockneten Sirup mit der Rückseite eines Löffels aufbrechen.
5. Die Ahornsirupchips in ein verschließbares Behältnis geben, mit dem Puderzucker bestäuben, verschließen und behutsam durchmischen, um die Chips mit dem Puderzucker zu überziehen. Bei Zimmertemperatur bis zu 2 Wochen haltbar.

PANCAKE/WAFFEL-TEIGMISCHUNG

 Ca. 1 kg Pancake-Teigmischung

 Zubereitung: 10 Minuten

750 g Mehl Type 550
200 g Buttermilchpulver
50 g Zucker
3 EL Backpulver
1 EL Backnatron
3 TL Salz

1. Alle Zutaten in einer Schüssel vermischen. Kann entweder sofort verwendet oder bis zum nächsten Mal aufbewahrt werden, wenn ihr Pancakes oder Waffeln machen wollt.

PANCAKE-TEIG

 4 bis 6 Portionen (ca. 9 bis 12 Pancakes, je nach Größe)

 Zubereitung: 5 Minuten
Kochzeit: Ca. 5 Minuten pro Pancake (45 Minuten insgesamt)

180 g Pancake-Teigmischung
250 ml Wasser (je nach gewünschter Konsistenz)
1 Ei und 1 Eigelb
2 EL Butter, geschmolzen
1 TL Vanilleextrakt
Ahornsirupchips

1. Den vorbereiteten Pancake-Teig, das Wasser, das Ei und das Eigelb in eine große Schüssel geben und miteinander verquirlen. Der Teig soll noch ein bisschen klumpig sein, also darauf achten, das Ganze nicht zu übermischen!
2. Bei mittlerer Hitze eine Pfanne erwärmen und mit etwas Butter einfetten.
3. Pro Pancake ca. ¼ Messbecher Teig in die heiße Pfanne geben.
4. Sobald der Teig in der Pfanne ist, ein paar Ahornsirupchips auf euren Pancake bröseln und behutsam in den Teig drücken.
5. Den Pancake wenden, sobald kleine Bläschen an die Oberfläche steigen und aufplatzen.
6. Die Pancakes bis zum Servieren bei 90 °C im vorgeheizten Backofen warmhalten.

FROOPYLAND-WAFFELN

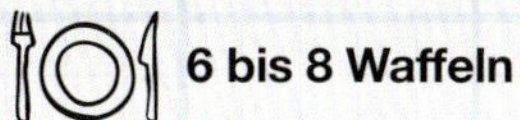

6 bis 8 Waffeln

Zubereitung: 10 Minuten
Kochzeit: 20 Minuten

Beth. Hier ist das Rezept für die FROOPYLAND-WAFFELN. Das hab ich aber nur gemacht, weil du als Mädchen so BESESSEN von deinem eigenen FANTASY-WUNDERLAND warst. Ich weiß, erwachsen zu sein ist ätzend, aber das gilt auch für »Nostalgie« als Mittel zur Weltflucht, obwohl ich dich praktisch AN JEDEN ORT IM MULTIVERSUM VERSETZEN KÖNNTE!

- **180 g Pancake-/Waffel-Teigmischung**
- **250 ml Wasser (je nach gewünschter Konsistenz)**
- **1 Ei und 1 Eigelb**
- **2 EL Butter, geschmolzen**
- **1 TL Vanilleextrakt**
- **4 verschiedene Lebensmittelfarben (nach Belieben)**

1. Alle Zutaten (mit Ausnahme der Lebensmittelfarbe) in einer großen Schüssel miteinander verquirlen. Der Teig sollte noch ein bisschen klumpig sein, also darauf achten, das Ganze nicht zu übermischen!
2. Den Waffelteig gleichmäßig auf vier Schüsseln verteilen.
3. Jeweils 5 bis 10 Tropfen Lebensmittelfarbe in jede Schüssel geben und gründlich vermischen.
4. Ca. 1 EL jedes eingefärbten Teigs wild durcheinander in das Waffeleisen geben, damit die Waffeln schön bunt werden.
5. Die Waffeln nach Geräteanleitung mit dem Waffeleisen ausbacken.

Hast du noch ein paar mehr Rezepte für dieses Buch, Mom? Ich hab noch nicht genug fürs Frühstück. Vielleicht irgendwas mit Kartoffeln oder so?

Was denken die in deiner STEPFORD SCHOOL eigentlich, wie viele STUNDEN unser Tag hat? Ich hab dir schon JEDE MENGE Rezepte aufgeschrieben, und ich glaube nicht, dass du auch nur das Geringste dabei lernst, wenn deine ELTERN für dich eine Sammlung von KOCHANLEITUNGEN zusammenstellen.

Du hast zwei Möglichkeiten, Morty. Schreib deinem Lehrer folgende Notiz: »MEINE MOM SAGT, KAUFEN SIE SICH EINFACH EINE PACKUNG TIEFKÜHL-RÖSTIS, WIE JEDER ANDERE NORMALE MENSCH AUCH, DER LETZTE NACHT ZU LANGE GEBRAUCHT HAT, SICH WEGEN SEINER FEHLENTSCHEIDUNG, LEHRER ZU WERDEN, IN DEN SCHLAF ZU SAUFEN.« Oder du suchst im Internet zur Abwechslung mal was anderes als PORNO und MEINE SCHWESTER BEI INSTA DISSEN und druckst dir selbst ein verfluchtes Rezept aus!

allerezepte.com

Auswahl > Rezepte > Frühstück

DEFTIGE FRÜHSTÜCKSRÖSTIS

Portionen: 4 bis 6 **Zubereitung:** 15 Minuten **Kochzeit:** 35 Minuten

ZUTATEN

- ☐ 5 Scheiben Frühstücksspeck, zerbröselt
- ☐ 500 g TK-Röstis, zerrupft
- ☐ 2 EL neutrales Öl
- ☐ 30 g geriebener Cheddarkäse
- ☐ 2 Frühlingszwiebeln
- ☐ 2 EL Sauerrahm

ZUBEREITUNG

1. Den Backofen auf 120 °C vorheizen.
2. Den Frühstücksspeck mit der gewünschten Methode kross anbraten, dann zerbröseln und beiseitestellen.
3. Das Öl bei mittlerer Hitze in einer großen, ofengeeigneten Pfanne erwärmen. Sobald das Öl heiß ist, die Röstis in einer gleichmäßigen Schicht hineingeben und behutsam in die Pfanne drücken.
4. Anbraten, bis sich eine goldbraune Kruste bildet. Die Röstis dann nach und nach wenden.
5. Sobald alle Röstis durchgegart sind und von beiden Seiten eine schöne Kruste haben, mit dem geriebenen Käse und dem zerbröselten Frühstücksspeck bestreuen.
6. Ca. 5 Minuten in den vorgeheizten Backofen geben bzw. so lange, bis der Käse geschmolzen ist.
7. Die Frühlingszwiebeln in dünne Ringe schneiden.
8. Die Röstis mit Sauerrahm und Frühlingszwiebeln garnieren und warm servieren.

WÜRSTCHEN-RAUMSCHIFFE MIT SOßEN-BISCUITS

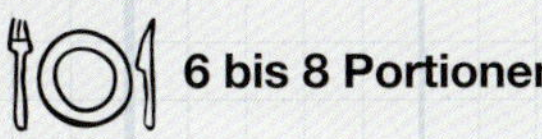

6 bis 8 Portionen

Zubereitung: 40 Minuten
Kochzeit: 45 Minuten

Okay, nur um sicherzugehen: Bei den Anforderungen zu diesem Familienkochbuch stand, wenn wir ein NEUES Rezept kreieren, das uns selbst aus persönlichen Gründen wichtig ist, wird das »besonders honoriert«, richtig? Denn dieses Rezept ist von MIR!

Na ja, eigentlich ist es das Biscuit-Rezept meiner Mutter. (Oder das von demjenigen, von dem sie's hat, woher soll ich das wissen? Sie gehört nicht zu denen, die in der Küche gern experimentieren – jedenfalls nicht bei der Zubereitung von Essen.)

Wie man die Würstchensoße macht, hat mir mein Onkel Steve gezeigt. (Oder zumindest hat er mir eine falsche, parasitäre Erinnerung daran ins Gehirn EINGEPFLANZT, wie er´s mir beibringt. (Denn es hat sich rausgestellt, dass er ein außerirdischer Parasit mit übernatürlichen Kräften war. (Was mich echt mitgenommen hat, da er der Einzige in meiner Familie war, der mir das Gefühl gab, kein kompletter Versager zu sein.)))

Wie auch immer, ich hab dieses Zeug mit Eiern und Würstchen zusammengekloppt, um ein hübsches kleines Schiff zu basteln. Genauer: ein Raumschiff. Oder ganz genau: das meines Grandpas.

Ich fand das ganz witzig. Denn schließlich soll Kochen doch wie das Leben sein, oder?

Wir nehmen all den schrägen Kram, mit denen unsere Familie uns vollstopft und unser Hirn zumüllt, und versuchen, den ganzen Mist zu verdauen und daraus etwas zu machen, das uns weiterbringt. Richtig?

FÜR DIE SOSSE:

- 6 bis 8 Bratwürstchen
- 30 g Mehl
- 750 ml Vollmilch
- ½ TL gemahlener weißer Pfeffer
- 15 Drehungen frisch gemahlener schwarzer Pfeffer
- ⅛ TL gemahlene Muskatnuss
- 1½ TL Salz
- 2 TL Ahornsirup, am Ende einrühren

FÜR DIE BISCUITS:

- 500 g Mehl (davon ca. 60 g zum Bestäuben der Hände und der Arbeitsfläche)
- 4 EL Buttermilchpulver
- 2½ TL Backpulver
- 2 TL Salz
- 1½ TL Zucker
- ¼ TL Backnatron
- 250 g Butter, kalt und in kleine Stücke geschnitten
- 500 ml kaltes Wasser
- 2 EL Butter, geschmolzen, zum Bestreichen

ZUM ZUSAMMENFÜGEN:

- 1 Spiegelei pro Biscuit

FORTSETZUNG AUF NÄCHSTER SEITE …

DIE SOSSE ZUBEREITEN:

1. Die Hälfte der Bratwürstchen mit eurer bevorzugten Methode anbraten und warmhalten.
2. Das Fett aus der Pfanne gießen und die übrigen Würstchen zubereiten. Diese Würstchen dann aus der Pfanne nehmen und in kleine Stücke brechen.
3. Das Mehl in das Fett in der Pfanne rühren und ca. 2 bis 3 Minuten anschwitzen, bis das Mehl »verschwunden« ist.
4. Unter stetigem Rühren die Milch dazugeben, um zu vermeiden, dass sich Klümpchen bilden.
5. Sobald die Soße schön sämig ist, mit weißem Pfeffer, schwarzem Pfeffer, Muskatnuss, Salz und Ahornsirup würzen.
6. Beiseitestellen und warmhalten.

DIE BISCUITS ZUBEREITEN:

7. Den Backofen auf 205 °C vorheizen.
8. Das Mehl, das Buttermilchpulver, das Backpulver, das Salz, den Zucker und das Backnatron in eine große Schüssel geben und gründlich vermischen.
9. Stückchenweise die kalte Butter dazugeben. Mit einem Teigmischer durcharbeiten, bis die Butterstücke nur noch erbsengroß sind.
10. Langsam das kalte Wasser dazugeben und mit einer Gabel durchmischen, bis sich eine klebrige Teigkugel bildet.
11. Auf einer sauberen Arbeitsfläche ausbringen und zu einem ca. 3 cm dicken Rechteck formen.
12. Den Teig mit einem Messer in vier gleich große Stücke schneiden und diese aufeinanderstapeln.
13. Diesen Stapel zu einem ca. 3 cm dicken Rechteck ausrollen.
14. Mit einem runden Keksausstecher 12 Biscuits aus dem Teig stechen und auf ein mit Backpapier ausgelegtes Backblech legen. Für 10 bis 15 Minuten ins Gefrierfach geben.
15. Die Oberseiten der Biscuits mit Butter einpinseln und ca. 20 bis 25 Minuten goldbraun backen.

HINWEIS: Man kann die Biscuits unabgedeckt einfrieren, bis sie fest sind, um sie dann in einem Gefrierbeutel oder einem entsprechenden Behältnis zu lagern. So sind sie bis zu 1 Monat haltbar. Vor dem Backen nicht auftauen!

ALLES ZUSAMMENFÜGEN:

16. 50 ml der Soße so auf einen flachen Teller geben, dass ein »Asteroidengürtel« entsteht.
17. Jeweils einen Biscuit mit einem Spiegelei krönen, um das »Dach« von Ricks Raumschiff zu bilden.
18. Jeweils ein halbes Würstchen so links und rechts neben dem Biscuit arrangieren, dass sie die »Triebwerke« des Raumschiffs bilden.
19. Das fertige Raumschiff auf dem Soßen-Asteroiden-gürtel platzieren und genießen.

MORTYS FRATZEN-FRÜHSTÜCKSSANDWICH

1 Sandwich

Zubereitung: 10 Minuten
Kochzeit: 10 Minuten

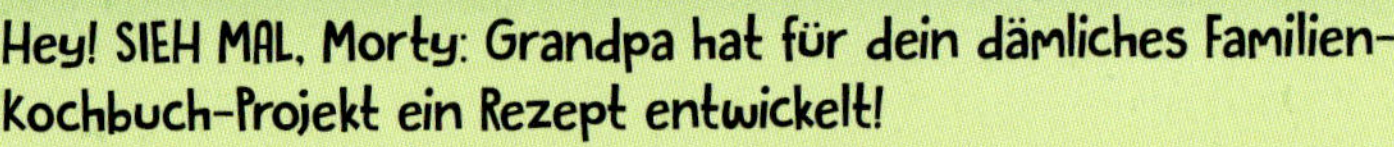

Hey! SIEH MAL, Morty: Grandpa hat für dein dämliches Familien-Kochbuch-Projekt ein Rezept entwickelt!

Sieht aus wie deine blöde Fresse. Als Sandwich!

Um ehrlich zu sein, bin ich mit dem Ergebnis ziemlich zufrieden, denn jedes Mal, wenn du mir mit deinem Gejammer über die Schule oder Noten oder Mädchen, die dich nicht mögen, in den Ohren liegst, würde ich dir am liebsten DAS GESICHT ABZIEHEN!

Und jetzt KANN ich das!

Und ihr – wer zur Hölle das hier liest – könnt das auch: MORTYS BESCHRÄNKTE VISAGE ABZIEHEN und voll kannibalistisch verspeisen! Hmmm … Das Ding sieht ihm aber auch echt verdammt ähnlich!

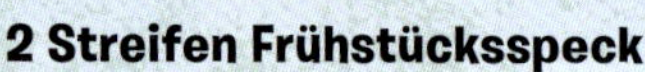

2 Streifen Frühstücksspeck

2 Eier

1 einfacher Bagel

1 EL Butter

Speisering, ungefähr so groß wie der Bagel

Salz

Pfeffer

2 Scheiben Schmelzkäse

1. Mit der gewünschten Methode den Frühstücksspeck braten.
2. Behutsam die Eigelbe vom Eiweiß trennen; dabei darauf achten, dass die Eigelbe intakt bleiben.
3. Den Bagel toasten und beiseitestellen.
4. In einer Pfanne bei mittlerer Hitze die Butter erwärmen und einen Speisering in die Pfanne stellen.
5. Das Eiweiß in den Speisering gießen, dann den Ring vorsichtig nach unten drücken, um zu verhindern, dass Ei ausläuft.
6. Mit einem Gummispatel vorsichtig die beiden Eigelbe auf das Eiweiß geben, um Mortys Augen zu formen.
7. Nach Belieben mit Salz und Pfeffer bestreuen.
8. Die Pfanne mit einem Deckel abdecken und das Ei garen.
9. Den Bagel waagerecht halbieren und jeweils eine Scheibe Käse auf jede Hälfte legen.
10. Das Ei-Gesicht auf die untere Bagelhälfte geben.
11. Jeweils einen Streifen Frühstücksspeck so unter den Eigelb-Augen platzieren, dass ein Lächeln entsteht.
12. Die obere Bagelhälfte senkrecht halbieren und daraus Mortys Haar formen (siehe Bild).

Call Again
DATE

Mom meinte, sie gibt mir den Wagen, um zu Tricias Party zu fahren, nur, wenn ich dir bei deinem dämlichen Rezeptbuch helfe. Also hab ich ein paar Seiten aus einem der Magazine rausgerissen, die du unter deinem Bett versteckst. Tschüssi!

ANZEIGENFINANZIERTES MERCHANTAINMENT

COQUETTE MAGAZIN

NACH DEM SPEKTAKULÄREN CLIFFHANGER IM FINALE DER LETZTEN SEASON DER SUPERCOOLEN HITSERIE STELLT SICH ALLE WELT DREI FRAGEN ...

1 Mit **WEM** ist sie auf dieser Jacht vor Costa Rica in der Kiste gelandet?! Mit Armand DeGuapo oder mit Bud Chucklet??

2 Kann es in einer Gesellschaft jemals wahre **GERECHTIGKEIT** geben, wenn Fortschritt nur dadurch möglich ist, den systemischen Schaden von den traditionell Verfolgten und Benachteiligten abzuwenden – man sich zugleich jedoch weigert, jene zur Rechenschaft zu ziehen, die ihre Mitmenschen über Generationen hinweg zum eigenen Vorteil um Wohlstand und Möglichkeiten **BERAUBT** haben, alles tun, um diese historische Ungerechtigkeit **NICHT WIEDERGUTMACHEN** zu müssen?

WIE HÄLT MRS. PANCAKES IHRE SUPERSEXY BIKINI-FIGUR?!?

Tja, um die ersten beiden Punkte zu klären, müssten wir hier krass spoilern bzw. bis zum unvermeidlichen, blutgetränkten Klassenkampf warten, der uns bevorsteht. Doch es ist **COQUETTE** gelungen, **MRS. PANCAKES** höchstselbst einige Hinweise auf die dritte (und wichtigste!) Frage zu entlocken!

Hier sind die beiden Frühstücksgerichte, die sich diese **ATEMBERAUBENDE** Schauspielerin in der Bikini-Saison gestattet! (Wobei diese Saison für eine, die darauf angewiesen ist, dass ältere männliche Geschäftsführer von Unterhaltungskonzernen sie geil finden, niemals endet!) Yeah, Baby!

MRS. PANCAKES' SIE-KENNEN-MICH-DOCH-GAR-NICHT-SMOOTHIE-BOWL

Portionen: 2 Schüsseln **Zubereitung: 25 Minuten**

120 ml Apfelsaft

200 g TK-Obstmischung (Erdbeeren, Ananas, Mango)

200 g TK-Acaibeeren

80 g TK-Blaubeeren

1 EL Chiasamen

130 g Knuspermüsli (eigene Wahl)

120 g frische Himbeeren

4 EL ungesüßte Kokosflocken

1. 60 ml Apfelsaft in einem Mixer mit der TK-Fruchtmischung durcharbeiten, dann zum »CHILLEN!« (wie euer bester Freund euch stets ermahnt) in den Kühlschrank geben.
2. Den restlichen Apfelsaft mit den Acaibeeren und den TK-Blaubeeren im Mixer durcharbeiten.
3. Die Chiasamen in die Acai-Blaubeeren-Mischung einrühren und in den Kühlschrank stellen. Brrrl!
4. Beide Mischungen 15 Minuten kühlen. Dabei quellen die Chiasamen auf.
5. Die Acai-Mixtur gleichmäßig auf zwei Schüsseln verteilen.
6. Die Fruchtmischung gleichmäßig auf die beiden Portionen verteilen.
7. Die Mixturen mit einem Löffel vorsichtig zu coolen, kosmischen Mustern verrühren!
8. Mit Knuspermüsli, Himbeeren oder Kokosflocken garnieren und genießen.

COQUETTE LIFEHACK

Ihr könnt damit experimentieren, das hier angegebene Obst nach Belieben durch anderes zu ersetzen, um trotzdem die natürlichen Vitamine und Antioxidationsmittel zu euch zu nehmen, die nötig sind, damit eure Haut auch weiterhin so jung aussieht, dass es der krass beschränkten öffentlichen Definition von Schönheit entspricht!

MRS. PANCAKES' AVOCADO-TOAST

Portionen: 4 Zubereitung: 15 Minuten Kochzeit: 20 Minuten

FÜR DIE CROSTINI:

24 Scheiben Baguette (ca. ½ Baguette)

2 EL Olivenöl

½ EL Salz

FÜR DIE WÜRZUNG:

1 TL Sesamsaat

1 TL Mohnsamen

1 TL getrocknete Zwiebel, fein gehackt

1 TL getrockneter Knoblauch, fein gehackt

½ TL Salz

FÜR DIE AVOCADO-FÜLLUNG:

2 reife Avocados

½ Limette, entsaftet

1 TL der Würze als Garnierung aufheben

1. Den Backofen auf 180 °C vorheizen.
2. Das Baguette diagonal in dünne Scheiben schneiden.
3. Die Baguettescheiben auf ein mit Backpapier ausgelegtes Backblech legen und mit Olivenöl einpinseln.
4. Die Baguettescheiben mit Salz bestreuen.
5. Ca. 20 Minuten backen und beiseitestellen.
6. Die Zutaten für die Würzung – ohne das Salz – in einer trockenen Pfanne vermischen und 3 bis 5 Minuten bei niedriger Hitze rösten, bis die Sesamsaat aufzubrechen beginnt.
7. In eine kleine Schüssel geben und das Salz hinzufügen.
8. Die Avocados waagerecht halbieren und das Fruchtfleisch in eine Schüssel löffeln. Dabei darauf achten, dass die Schalen intakt bleiben.
9. Die Limette über dem Avocadomus ausdrücken, dann die Würzung hinzufügen. Alles gut vermischen und nach Belieben mit schwarzem Pfeffer würzen.
10. Das Avocadomus behutsam in die vier Avocadoschalen füllen. Dann behutsam 6 Crostini-Scheiben in jede Schale drücken und servieren.

EXKLUSIV!

ALLES ÜBER »MRS. PANCAKES«

Ihre Lieblingszeile aus der Show bisher?

»Sie kennen mich doch gar nicht!«

Drei Dinge, ohne die ich UND meine Figur nicht leben können?

Vielleicht Wasser, Sauerstoff und Sonne?

Wäre ich nicht Schauspielerin geworden, würde ich …?

Morden, um nationale Berühmtheit zu erlangen.

AUGENHÖHLEN

 15 bis 20 Augenhöhlen

 Zubereitung: 25 Minuten
Kochzeit: 20 Minuten

Sieh mal, Jerry: Ich hab eine chemische Methode entwickelt, selbst AUGENHÖHLEN zu fabrizieren, die genauso schmecken wie die echten – ohne diese psychotische, gewalttätige kleine Nervensäge AUGENHÖHLEN-MANN auf den Plan zu rufen!

Anders ausgedrückt: Lass deine dreckigen Finger von MEINEN Augenhöhlen! Und wenn du jetzt nicht deine dämliche Klappe hältst und ihn heraufbeschwörst, indem du zu oft »Augenhöhlen« sagst, schwöre ich dir, bist du diesmal auf dich allein gestellt, und ich hoffe, er prügelt dich langsam genug tot, dass du vorher noch genügend Zeit hast, darüber nachzudenken, was für ein jämmerliches kleines Leben du gelebt hast.

Fröhliche Weihnachten! Und sag nie wieder, ich hätte dir nie was geschenkt!

FÜR DEN TEIG:

260 g Cashewnüsse

75 g Haferflocken (bei Bedarf glutenfrei)

90 g Datteln, entkernt

40 g Kokosraspeln (ungesüßt)

2 Bananen

100 g gefriergetrocknete Erdbeeren

1 EL Honig

FÜR DIE FÜLLUNG:

230 g Vanillejoghurt (bei Bedarf vegan)

1 TL Weizengraspulver

1. Den Backofen auf 175 °C vorheizen.
2. In einer Küchenmaschine die Cashewnüsse, die Haferflocken, die Datteln und die Kokosraspeln 1 bis 2 Minuten durcharbeiten, um alles gut zu vermischen. In eine Schüssel geben und beiseitestellen.
3. Als nächstes die Bananen, die gefriergetrockneten Erdbeeren und den Honig in die Küchenmaschine geben und durcharbeiten, bis sich eine Paste formt (ca. 30 Sekunden). Sobald es so weit ist, die Dattel-Mixtur hinzufügen und alles 1 Minute durcharbeiten.
4. Jeweils 2 EL Teig zurzeit abnehmen und zu einer länglichen Kugel mit einer Vertiefung in der Mitte formen. Die Ränder leicht zusammendrücken, um das »Auge« zu schließen, dabei jedoch darauf achten, dass das »Auge« nicht vollständig zu ist. Auf einem mit Backpapier oder einer Silikonmatte ausgelegten Backblech ca. 15 bis 20 Minuten backen.
5. Während die Augenhöhlen backen, in einer kleinen Schüssel den Joghurt und das Weizengraspulver miteinander verquirlen. In eine kleine Spritzflasche oder einen Spritzbeutel mit feiner Tülle geben. Sobald ihr die Augenhöhlen aus dem Ofen geholt habt und sie etwas abgekühlt sind, die Vertiefung in der Mitte mit dem Weizengrasjoghurt füllen. Zeitnah servieren.

Beth!

Ich glaub, ich hab soeben das nächste große amerikanische Traditionsgericht erfunden!

Ich weiß, du wolltest ein bisschen Zeit für dich, aber ich denke wirklich, das hier könnte ´ne große Sache sein! Mit deinem Verstand und meiner rechtlich geschützten Idee – ich hab das Rezept in einem Briefumschlag versiegelt und an mich selbst geschickt, damit der Poststempel drauf ist, was praktisch genauso gut ist wie ein Copyright-Eintrag – könnte dies unser Ticket zum Millionärstum sein!!

Mir ist klar, dass du das hier vermutlich bloß für einen kläglichen Versuch hältst, dich zurückzugewinnen (oder dich wenigstens dazu zu bringen, mir zu antworten). Aber hätte so ein trauriger Loser die letzten drei Wochen allein damit zugebracht, French Toast zu machen, bis er endlich eine NEUE Zubereitungsmethode entdeckt hat, die dafür sorgt, dass man beim Essen das Gefühl hat, in die ausgelassene Sicherheit seiner Kindheit zurückversetzt zu werden?

Versuch es doch wenigstens und sag mir, was du davon hältst, okay? Natürlich kann ich auch morgen früh bei dir rumkommen und es für dich machen!

Dein (nicht, dass du mich noch willst!) (HA! War bloß ein Witz.)

Jerry

JERRYS FRENCH TOAST-TASCHEN

 8 bis 10 Stück

 Zubereitung: 35 Minuten
Kochzeit: 35 Minuten

ZUTATEN! :-)

FÜR DEN PUDDING:

140 g Kochsahne

4 Eier

1 EL Puderzucker

1 TL Vanilleextrakt

½ TL Zimt

1 Prise Salz

ALLES ZUSAMMENFÜGEN:

1 Laib Sandwichbrot (am besten Weißbrot)

400 g Erdnussbutter, ½ EL pro Sandwich (oder Nussaufstrich nach Wahl)

400 g Erdbeermarmelade, ½ EL pro Sandwich (oder Marmelade nach Wahl)

½ EL Butter für die Pfanne

30 g Puderzucker als Garnitur

WIE MAN'S MACHT :-o

1. In einer mittelgroßen Schüssel alle Zutaten für den Pudding vermischen und 1 bis 2 Minuten sorgsam verrühren. In eine flache Schüssel geben und beiseitestellen.

DIE FRENCH TOAST-TASCHEN ZUBEREITEN:

2. Die Kruste von zwei Brotscheiben abschneiden; dabei darauf achten, dass die Scheiben so quadratisch wie möglich sind. Eine kreisrunde Vertiefung in die Mitte jeder Brotscheibe drücken. Jeweils Erdnussbutter und Erdbeermarmelade in die Vertiefung von einer Brotscheibe füllen und die andere bündig darauflegen.
3. Die Toasttasche verschließen, indem ihr die Ränder ringsum mit den Zinken einer Gabel zusammendrückt.
4. In einer Pfanne die Butter schmelzen.
5. Die Sandwich-Tasche in den Pudding tauchen und ringsum damit überziehen. Dabei darauf achten, dass das Brot nicht durchweicht, da es sonst auseinanderfällt!
6. Die Brottasche 1 bis 3 Minuten pro Seite in der Pfanne goldbraun ausbacken. Während ihr das Ganze mit der übrigen Füllung und dem restlichen Brot wiederholt, auf einem Backblech bei niedriger Temperatur im Ofen warmhalten.
7. Mit Puderzucker bestäuben und warm servieren.

APPETITHÄPPCHEN, SNACKS & BEILAGEN

Okay, jetzt wird´s ernst! APPETITHÄPPCHEN, SNACK & BEILAGE sind Jerry Smiths zweiter, dritter und vierter Vorname!

Das Leben ist so voll von unterschiedlichen Geschmäckern, so voller Möglichkeiten! Sollte man sich da nicht hin und wieder was NEUES gönnen?

Ich finde ja. Nicht zuletzt deshalb weiß ich all die Irrungen und Wirrungen des Lebens, die mir die Chance gaben, in so viele unterschiedliche Berufszweige reinzuschnuppern, auch so zu schätzen! Ich meine, WOLLTE ich schon immer eine beständige, erfolgreiche Karriere, mit der ich meine Familie versorgen kann, während ich für meine Arbeit mit der Zeit immer mehr Respekt und Ansehen ernte? Na klar! Aber dann hätte ich mich nie mit der Entwicklung von Apps oder dem Schreiben von Fan-Fiction befasst!

Und hätte ich mich immer nur für das »Hauptgericht« interessiert, Beth, hätte ich meinen Horizont niemals für so »unglaublich saftige Leckerchen« wie Mr. Nimbus, den König des Ozeans, und den Müden Gary geöffnet – oder für »klebriges Fingerfood«, so wie diese außerirdische Tussi, die ich mal gedatet hab!

OH, GOTT, DAD! LÖSCH DAS GEFÄLLIGST!!

Darum liebe ich natürlich auch RICHTIGE Appetithäppchen und tolle Beilagen!

Allerdings ist es ziemlich AUFWÄNDIG, dieses Zeug zuzubereiten. Darum mach ich das für gewöhnlich auch nicht. Ooh! Aber da diese Rezepte eigentlich babyleicht sind, könnte ich sie ebenso gut von einem Meeseeks zusammenkloppen lassen! (Also die Appetithäppchen, nicht die Rezepte. Die sind ja schon fertig.)

GURKEN-RICKS TRANSFORMATIONSLAKE

 1 Glas mit 6 Gewürzgurken

 Zubereitung: 15 Minuten
Kochzeit: 10 Minuten

Bist du bereit, richtig geile GEWÜRZGURKEN zu machen, Morty? Ich bereite ein paar eeeechte Leckerchen zu! Perfekte, säuerliche, mit Warzen bedeckte Zeugen der menschlichen Fähigkeit, die NATUR in ETWAS BESSERES zu TRANSFORMIEREN! Und das Genialste: Das Ganze ist so simpel, dass es selbst ein beschränkter Verstand wie deiner hinkriegt!

Im Ernst: PROBIER DIESES REZEPT AUS! Die Öffentlichkeit verlangt nach mehr »Gurken-Rick« – aber ich brauch ein paar KÖDER. Also versuch, du weißt schon, die Gewürzgurken richtig HEISSBLÜTIG zu machen, so wie dein Grandpa es ist!

1 Einweckglas mit großer Öffnung und genügend Fassungsvermögen für die Lake und die Gewürzgurken (ca. 800 ml)

6 Snackgurken, die Enden abgeschnitten

FÜR DIE LAKE:

180 ml kaltes Wasser

120 ml Weißweinessig

60 ml Reisessig

½ EL Salz

¾ TL Zucker

½ EL schwarze Pfefferkörner

½ TL Koriandersaat

¼ TL zerstoßener roter Pfeffer

½ TL Fenchelsamen

1 Lorbeerblatt

3 Knoblauchzehen, leicht zerstoßen

2 bis 3 Zweige frischer Dill

1. In einem Messbecher das Wasser, den Weißweinessig, den Reisessig, das Salz und den Zucker vermengen.
2. In einer warmen Pfanne die Pfefferkörner, den Koriander, die roten Pfefferflocken, die Fenchelsamen und das Lorbeerblatt rösten, bis das Ganze schön duftet. Dabei regelmäßig umrühren, damit die Gewürze nicht verbrennen.
3. In einem mittelgroßen Topf die gerösteten Gewürze und die Lake vermischen und zum Köcheln bringen.
4. Den zerstoßenen Knoblauch, den Dill und die Gurken in das Einweckglas geben; dabei darauf achten, dass alles gut ins Glas passt.
5. Behutsam so viel Lake in das Einweckglas gießen, bis die Gurken vollständig davon bedeckt sind.
6. Das Gefäß verschließen und bei Zimmertemperatur abkühlen lassen. Dann in den Kühlschrank geben. Die Gewürzgurken sind zwar schon am nächsten Tag verzehrfertig, doch je länger die Gurken durchziehen, desto aromatischer werden sie. Im Kühlschrank bis zu 2 Monate haltbar.

JERRY!
NICHT ESSEN!

MULTIVERSALE PILZ-CANAPÉS

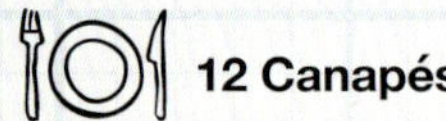 12 Canapés

 Zubereitung: 15 Minuten
Kochzeit: 25 Minuten

AUDIOAUFNAHME_TRANSKRIPT_RICKS LABOR_3756A$$

RICK: Morty, du musst dir das hier EINPRÄGEN, für den Fall, dass man mich jemals verschleppt und als Geisel nimmt … Du musst diese Canapés ganz genau so zubereiten, wie ich es dir SAGE, kapiert?

MORTY: Ähm, enthalten die … insgeheim GIFT oder bringen sie die Leute zum EXPLODIEREN oder sowas?

RICK: Wir reden hier von ESSEN, Morty! Solche Leute *rülps* TÖTEN DIE GEISEL NICHT, wenn man sie mit ein paar köstlichen Canapés bei der Stange hält. Aber mal im Ernst, Morty: AUSSERIRDISCHE PHYSIOLOGIEN sind ANDERS als unsere! Ich kann dir doch kein Rezept geben, mit dem du JEDES INTELLIGENTE LEBEWESEN IM MULTIVERSUM UMBRINGEN könntest! … Na ja, KÖNNEN könnte ich das schon … Aber dafür bräuchtest du eeeecht schräges Zeug. Hierfür sind im Wesentlichen bloß PILZE nötig. Und Pilze wachsen überall, wo's DUNKEL, KALT und FAULIG ist – was so ziemlich für die GESAMTE EXISTENZ gilt.

12 Champignons, OHNE STIELE!!

1 Schalotte, fein gehackt

40 g Panko-Paniermehl

100 g geriebener Gruyère-Käse

1 Ei

2 EL Petersilie, gehackt

2 EL ungesalzene Butter oder Olivenöl zum Bestreichen

Zeste von ½ Zitrone

1. Den Backofen auf 175 °C vorheizen.
2. Den Stiel von jeder Pilzkappe entfernen.
3. Die Pilzstiele und die Schalotten fein würfeln, dann in einer Schüssel mit dem Paniermehl, dem Käse und dem Ei vermischen.
4. Diese Mixtur BEHUTSAM in die Pilzkappen füllen.
5. Mit 2 EL ungesalzener Butter oder Olivenöl einpinseln.
6. Ca. 20 Minuten im vorgeheizten Ofen garen.
7. Kann gut einen Tag im Voraus zubereitet und dann bis zum Garen im Kühlschrank gelagert werden.
8. Sollte noch Füllung übrig sein: Die eignet sich perfekt für Rührei!

Wärst du nicht so ein Schisser und würdest der intergalaktischen, nuklearen, militärisch-industriellen Industrie vertrauen, müsstest du keine Gehirnzellen für solchen HÖHLENMENSCHEN-MIST wie »VORHEIZEN« vergeuden!

Ich betone das extra, weil du in letzter Zeit ein bisschen unvorsichtig mit NITROGLYZERIN warst, Morty.

So lange brauch ich nicht mal, um einen GIGATONNEN-REAKTOR zu bauen. Aber, hey, es ist DEINE Lebenszeit! Darauf 'ne Skinny Bitch! Also, IN ECHT. Und den Drink nehm ich auch. Prost.

Also mach mir welches, wenn ich 'n Kater hab, okay?

SPINAT-ARTISCHOCKEN-CANAPÉS FÜR DIESE TYPEN DA

 Ca. 30 Stück

 **Zubereitung: 1 Stunde, 30 Minuten**
Kochzeit: 15 Minuten

2 Lagen TK-Blätterteig

70 g frischer Spinat, entstielt

4 Knoblauchzehen, fein gehackt

200 g Artischockenherzen, fein gehackt

1 EL Olivenöl

1 EL gesalzene Butter

1 TL Salz

Schwarzer Pfeffer, nach Belieben

220 g Frischkäse, aufgeweicht

80 g geriebener Parmesankäse

1 EL Schnittlauch, fein gehackt

1 EL frisch gehackte Petersilie

½ EL Zitronensaft

1. Den Backofen auf 205 °C vorheizen.
2. Nach Packungsanleitung zwei Lagen Blätterteig auftauen.
3. Den Spinat, die Artischockenherzen und den Knoblauch in 1 EL Olivenöl und 1 EL Butter sautieren.
4. Den aufgeweichten Frischkäse, den Parmesan, den Schnittlauch, die Petersilie und den Zitronensaft mit der gegarten Spinat-Artischocken-Mixtur vermischen. Vollständig abkühlen lassen.
5. Eine Lage Blätterteig entfalten und zu einem Rechteck von ca. 22 x 35 cm ausrollen. Die Hälfte der Füllung gleichmäßig darauf verstreichen und für ca. 10 Minuten in den Kühlschrank geben. Das Ganze dann mit der zweiten Blätterteiglage wiederholen.
6. Beide Blätterteiglagen zu einem festen Stamm zusammenrollen; dabei an der schmaleren Seite beginnen.
7. Nach dem Zusammenrollen zum Festwerden für 15 bis 20 Minuten ins Gefrierfach geben.
8. Die Rollen aus dem Gefrierfach nehmen und mit einem scharfen Messer in dünne, senkrechte Scheiben schneiden. (Nach dem Aufschneiden im Gefrierfach für bis zu 2 Monate haltbar.)
9. 10 Minuten bei 205 °C backen, dann die Temperatur auf 175 °C reduzieren und weitere 15 bis 20 Minuten backen, bis die Canapés fest und goldbraun sind.
10. 10 Minuten abkühlen lassen. Dann servieren.

Nicht für DIESE Typen, Morty! DIE töten mich, WENN du mit ARTISCHOCKEN-Canapés ankommst!

PROSCIUTTO-TOAST-CANAPÉS

 **24 Toasts**

 **Zubereitung: 20 Minuten**
Kochzeit: 5 Minuten

6 Scheiben hochwertiges Sauerteigbrot, ohne Kruste, in Viertel geschnitten

1 EL Olivenöl

70 g Feigenmarmelade

1 TL frisch gemahlener schwarzer Pfeffer

½ TL Reisessig

120 g weicher Brie

100 g Prosciutto

1 oder 2 Thymianzweige, abgezupft, als Garnitur

1. Den Backofen auf 175 °C vorheizen.
2. Die Kruste vom Brot abschneiden. Die Brotscheiben dann in gleichmäßige Viertel schneiden.
3. Die Brotscheiben auf einem Backblech 5 Minuten im Ofen rösten.
4. Während das Brot röstet, in einer kleinen Schüssel die Feigenmarmelade, den schwarzen Pfeffer und den Reisessig vermischen.
5. Den Brie in kleine, dünne Scheiben schneiden, die auf das Brot passen.
6. Den Prosciutto in schmale Streifen schneiden.
7. Zum Anrichten jeweils ½ TL der Marmeladen-Mixtur auf jeder Brotscheibe verstreichen, dann jeweils mit einer Scheibe Brie und dem Prosciutto belegen.
8. Mit etwas gezupftem Thymian garnieren.

MORTYS ENTGIFTUNGSGEMÜSESTÄBCHEN

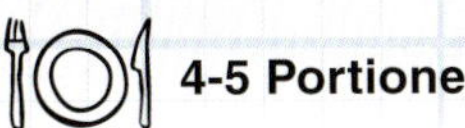 4-5 Portionen

 Zubereitung: 10 Minuten

Hi, Morty!

Ich bin´s, Morty. Ich bin dein DU, das gerade ein echt grandioses Spa-Wochenende genossen hat und das beste, frisch entgiftete Leben führt, das man nur führen kann!

Jetzt, wo ich ausnahmsweise mal einen klaren Kopf hab (und ein reines Herz und blitzsaubere Poren, haha!), dachte ich mir, ich hinterlasse meinem künftigen, möglicherweise gestressten Ich ein paar hilfreiche Anmerkungen, weißt du? Und dieses Buch mit Familienrezepten hat mich auf den Gedanken gebracht, dass die Dinge vielleicht gar nicht immer so KOMPLIZIERT und ZEITRAUBEND sein müssen, wie sie es zuletzt waren. Vielleicht sollten wir hin und wieder einfach ein paar GESUNDE, NATÜRLICHE SPEISEN zubereiten und es dabei belassen! Also tu ich dir hiermit diesen Gefallen und erlaube dir, genau das zu machen!

Du brauchst mir nicht dafür zu danken – schließlich bist du ICH! Mach dir einfach gelegentlich eine Schüssel hiervon, und schon bleiben wir unser BESTES SELBST! (Egal, in was für durchgeknallte Abenteuer Grandpa uns auch reinziehen mag!)

Namaste,

der »entgiftete« Morty

1 große Salatgurke
1 rote Paprika
1 gelbe Paprika
2 mittelgroße Karotten

1. Die Salatgurke schälen und die Kerne entfernen, dann stifteln.
2. Die Karotten schälen und in längliche Stücke schneiden.
3. Die Paprikas entsamen und in schmale Streifen schneiden.
4. Zusammen mit Riggity Ranch-Dressing auf einem Teller anrichten und servieren.

Weißt du noch, der »toxische« Morty? Ich zieh es vor, wenn unser ESSEN grün ist – nicht WIR! Haha! LOL!

EISBERGSALATSPIEẞE

 10 bis 12 Salatspieße

 Zubereitung: 20 Minuten
Kochzeit: 25 Minuten

JERRY! WARUM musste ich gerade beim Postboten für ein Päckchen unterschreiben, in dem sich dieses Rezept für Eisbergsalatspieße befand – und ein notariell beglaubigtes Schreiben der ANWÄLTE einer Firma namens TITANIC: ERLEBE DIE ROMANTIK?

Irgendwie sieht das Ganze so aus, als würdest du dieses Unternehmen IN KEINSTER WEISE dafür verantwortlich machen, die Irre engagiert zu haben, die dich angegriffen, als Geisel genommen und fast DEINE FRAU ERMORDET hätte – FÜR EIN APPETITHÄPPCHEN-REZEPT!

Tu uns beiden einen Gefallen und VERSUCH NICHT, mir das zu erklären, bis du dir ABSOLUT SICHER bist, dass das, was du sagst, die Sache nicht bloß noch SCHLIMMER macht! -- Beth

10 bis 12 Holzspieße
5 bis 6 Scheiben Frühstücksspeck, zerbröselt
60 g geröstete Walnüsse
1 Kopf Eisbergsalat
1 oder 2 große Strauchtomaten
1 große rote Zwiebel

FÜR DAS DRESSING:
115 g Mayonnaise
230 g Sauerrahm
2 EL Zitronensaft
1 EL Worcestershiresoße
2 Knoblauchzehen, fein gehackt
110 g Blauschimmelkäse, zerbröselt
½ TL Salz
Gemahlener schwarzer Pfeffer, nach Belieben

1. Den Backofen auf 205 °C vorheizen.
2. Den Frühstücksspeck mit der gewünschten Methode knusprig anbraten, dann zerbröseln und beiseitestellen.
3. Die Walnüsse in einer trockenen Pfanne 5 Minuten rösten (falls die Walnüsse ungesalzen sind, eine Prise Salz dazugeben).
4. In einem Messbecher mit einer Gabel die Mayonnaise, den Sauerrahm, den Zitronensaft, die Worcestershiresoße, den Knoblauch, den Blauschimmelkäse und das Salz vermischen. (Falls das Dressing feiner sein soll, alternativ einen Mixer oder eine Küchenmaschine verwenden.) Das Dressing nach Belieben mit gemahlenem schwarzem Pfeffer abschmecken und ein letztes Mal durchrühren.
5. Das Gemüse in Keile schneiden, die etwas größer sind, als sie´s bei einem Salat normalerweise wären.
6. Die Gemüsestücke abwechselnd auf die Holzspieße stecken; dabei an der Unterseite der Spieße jeweils ein kleines Stück frei lassen, damit man sich beim Essen nicht die Finger einsaut.
7. Auf einem Teller arrangieren und nach Belieben mit Dressing beträufeln. Das übrige Dressing in eine kleine Schüssel geben und zusammen mit den Salatspießen servieren.
8. Die Salatspieße mit gerösteten Walnüssen und zerbröseltem Speck garnieren.

UNSTERBLICHKEITSKNABBERMISCHUNG

Ca. 16 Portionen

Zubereitung: 5 Minuten
Kochzeit: 25 Minuten

Ich war noch nie besonders gut im Kochen. (Ich wette, du sagst jetzt: »Oder in irgendwas anderem!« Aber du bist nicht Jimmy Fallon, also erspar mir die Witze!) Trotzdem habe ich als Oberhaupt dieser Familie ein paar spaßige Rezepte zusammengestellt!

Die UNSTERBLICHKEITSKNABBERMISCHUNG gehört zu den köstlichen kleinen Leckereien, die ich mir hin und wieder gern mache! Ich hab das Rezept von den echt leckeren kostenlosen (!) Snacks abgeleitet, die es an der Bar auf diesem Urlaubsplaneten gab, auf dem man – Achtung! – nicht sterben kann! (Ich meine, einige Leute SIND gestorben, aber erst, nachdem Rick die Sache vermasselt hat.) Nachdem ich ein paar Werktage an meinem eigenen Rezept gebastelt habe (der Arbeitslosigkeit sei Dank!), ist dabei was rausgekommen, das MIR das Gefühl gibt, unsterblich zu sein!

180 g quadratische Maiszerealien

200 g Minibrezeln

260 g Cashewnüsse

130 g Mandeln

100 g Sesamstangen, zerbröselt

125 g Butter, geschmolzen

70 ml Worcestershiresoße

1 EL Salz

½ EL Knoblauchpulver

1 TL Zwiebelpulver

1 TL gemahlener schwarzer Pfeffer

1 TL grünes Matchapulver

1. Den Backofen auf 135 °C vorheizen.
2. In einer großen Schüssel die Maiszerealien, die Brezeln, die Cashewnüsse, die Mandeln und die Sesamstangen gleichmäßig vermischen.
3. Die Butter schmelzen, dann mit der Worcestershiresoße, dem Salz, dem Knoblauchpulver, dem Zwiebelpulver, dem schwarzen Pfeffer und dem grünen Matchapulver verquirlen. Über die Snack-Mischung gießen und gut durcheinanderwerfen, um alles damit zu überziehen.
4. Zwei Backbleche mit Backpapier auslegen. Die Snack-Mischung darauf geben und ca. 20 bis 25 Minuten backen bzw. so lange, bis die Mixtur trocken ist.
5. AM WICHTIGSTEN: 25 Minuten sind ´ne lange Zeit, aber trotzdem NICHT VERGESSEN, so lange zu warten! Nicht, dass ihr im Schrank einpennt, nachdem ihr euch ein bisschen »Ich-Zeit« gegönnt und Erwachsenenfilmchen im Netz gestreamt habt! Denn irgendwann brennt das Zeug an und sorgt dafür, dass der Rauchalarm losgeht, und wenn die Feuerwehr eure Nummer geblockt hat, so wie bei uns, ist das ein Problem. (Und das, obwohl DIE hier wie die Wilden reingestürmt sind und MICH geweckt haben! ICH hab‘s da nicht drauf angelegt!)

RIGGITY RANCH-DRESSING

Ca. 500 ml Dressing

Kochzeit: 10 Minuten
Zubereitung: 5 Minuten

AUDIOAUFNAHME_TRANSKRIPT_RICKS LABOR_34TA$$

Das IST es! D-Das ist der DURCHBRUCH! Die GRÖSSTE ENTDECKUNG meines gesamten Lebens!

EIN SUPERHAMMERGEILES RANCH-DRESSING!

Im Ernst. Natürlich weiß ich, dass es davon auf der Welt schon 'ne knappe Milliarde gibt. Aber verglichen HIERMIT sind die alle so lecker wie die KLÖTENSAHNE von ´nem Toten! Und nein, ich bin nicht b-bloß deshalb so AUFGEDREHT, weil ich [RÜLPST] [RÜLPST WEITER] voll bin wie ´n Eimer.

[UNVERSTÄNDLICH] … Okay, vielleicht hat´s DOCH was damit zu tun, dass ich ´n bisschen besoffen bin. [SCHNARCHEN]

[18 MINUTEN VERSTREICHEN]

Häh?! [MURMELT] Oh, Shit, ja! Copumt … Äh, COMPUTER! Das letzte Experiment sichern! Projektname: [RÜLPST] RIGGITY RANCH-DRESSING, Kleiner!

- **180 ml Aquafaba (so nennt man Wasser, in dem Kichererbsen gekocht wurden)**
- **½ TL Weinstein**
- **2 EL Dijon-Senf**
- **1 TL Knoblauchpulver**
- **2 TL Zwiebelpulver**
- **½ TL gemahlener schwarzer Pfeffer oder nach Belieben**
- **½ TL Salz**
- **120 ml neutrales Öl, z. B. Avocado oder Traubenkern**
- **180 ml Olivenöl**
- **60 g Kräuter, z. B. Petersilie, Schnittlauch, Thymian, Basilikum, Oregano oder Rosmarin**

1. In einem Mixer das Aquafaba und den Weinstein auf niedriger Stufe durcharbeiten, bis alles vermischt ist. Dann auf hoher Stufe 2 Minuten fein pürieren.
2. Den Dijon-Senf, das Knoblauchpulver, das Zwiebelpulver, den schwarzen Pfeffer und das Salz hinzufügen und weitere 30 Sekunden auf hoher Stufe durcharbeiten.
3. Das neutrale Öl und das Olivenöl miteinander vermischen.
4. Während der Mixer auf niedriger Stufe läuft, in einem steten Rinnsal, nach und nach, das Öl einfließen lassen, bis alles gut vermischt ist.
5. Die Kräuter fein hacken, nach und nach mit in den Mixer geben und nach jedem Zugeben 30 Sekunden durcharbeiten.
6. Das Dressing in ein luftdicht verschließbares Behältnis geben und bei Bedarf in den Kühlschrank stellen. Der Molekularanalyse zufolge gekühlt bis zu 1 Woche haltbar.

Es heißt, der Geruchssinn ist eng mit dem Gedächtnis verbunden. Tatsächlich glaube ich, eine köstliche Mahlzeit – oder selbst ein einfacher Snack, der mit Sorgfalt und Liebe zubereitet wird –, kann uns unverzüglich in bessere Zeiten zurückversetzen, die wir in guter Erinnerung haben.

Nach all den Jahren, in denen ich als ergebener Butler in den Diensten der Familie Smith stand, feststellen zu müssen, dass meine Loyalität – nein, meine gesamte Identität! – infrage gestellt wird, ist zugegebenermaßen ausgesprochen schmerzhaft.

Dennoch überlasse ich dir einige der unzähligen Rezepte, die ich in den letzten zehn Jahren für euch zubereitet habe, in der Hoffnung, dass das Nachkochen dieser kulinarischen Freuden dich genau jene positiven Erfahrungen noch einmal durchleben lässt, die dich an bessere Zeiten und all die vielen Jahre erinnern, die wir zusammen verbracht haben.

Dein treuer Butler, familiärer Freund und definitiv kein außerirdischer Parasit, der anderen falsche Erinnerungen unterjubelt:

MR. BEAUREGARD

Hey, Mom. Echt scheiße, dass Mr. Beauregard sich als außerirdischer Parasit entpuppt hat – aber diese Rezepte sind echt SUPER! MACHST DU MIR WAS DAVON??
-- Morty

MR. BEAUREGARDS GEDÄCHTNISMARMELADE

 **Ca. 6 Gläser à 120 g**

 **Zubereitung: 15 Minuten**
Kochzeit: 25-30 Minuten

- **3 bis 4 Orangen**
- **½ Zitrone, entsaftet**
- **850 g Zucker**
- **180 ml Wasser**
- **85 g Pektin**
- **1 Zimtstange**
- **1 Sternanis**

1. Mit einem Gemüseschäler behutsam die farbigen Teile der Orangen- und Zitronenschale abschälen; dabei möglichst wenig weiße Haut erwischen. Die abgeschälte Zeste in sehr feine Streifen schneiden und in einer Schüssel beiseitestellen.
2. Mit einem Gemüsemesser beide Enden der Zitrone abschneiden. Die Zitrone auf eins der abgeflachten Enden stellen und mit dem Messer senkrecht nach unten schneiden, um die restliche weiße Haut zu entfernen.
3. Um die Fruchtfleischsegmente aus der Frucht zu lösen, in einem leichten Winkel an der Innenseite jeder Membran in Richtung Kern entlangschneiden. Das Fruchtstück entnehmen, grob hacken, dann zusammen mit der Schale in eine Schüssel geben und dies mit der restlichen Orange wiederholen. Mit dem Zitronensaft, dem Zimt und dem Sternanis vermischen. 200 g der Obstmischung in eine separate Schüssel geben. Mit dem Zucker vermischen und 10 Minuten ruhen lassen; dabei gelegentlich umrühren.
4. In einem kleinen Topf das Wasser und das Pektin vermischen. Zum Kochen bringen und 1 Minute unter stetem Rühren köcheln lassen. Die Obstmischung dazugeben und ca. 3 Minuten weiterrühren bzw. so lange, bis sich der Zucker vollständig aufgelöst hat.
5. Sobald sich der Zucker aufgelöst hat, die Mischung in saubere Einweckgläser gießen und verschließen. Bei Zimmertemperatur über Nacht, am besten aber 24 Stunden ruhen lassen. Anschließend im Kühlschrank für bis zu 3 Wochen haltbar. Friert ihr die Marmelade ein, ist sie bis zu 12 Monate haltbar; hierbei solltet ihr aber darauf achten, dass im Behältnis noch ausreichend Platz ist, da sich die Marmelade ausdehnt, wenn sie gefriert!

DENKWÜRDIGE WINDBEUTEL

Ca. 24 Windbeutel

Zubereitung: 1 Stunde
Kochzeit: 35 Minuten

FÜR DEN BRANDTEIG:

120 ml Vollmilch

60 g ungesalzene Butter, in EL-große Stücke geschnitten

½ EL Zucker

¼ TL Salz

60 g Mehl Type 550

2 Eier, bei Zimmertemperatur

FÜR DIE FÜLLUNG:

30 g Frischkäse, aufgeweicht

2 EL Petersilie, gehackt

2 EL Schnittlauch, gehackt

1 TL Salz

Schwarzer Pfeffer, nach Belieben

1½ EL Zitronensaft

½ Salatgurke, geschält und fein gehackt

1. Zwei Backbleche mit Silikonmatten oder Backpapier auslegen. Den Backofen auf 205 °C vorheizen.
2. In einem großen Topf bei mittlerer Hitze die Milch, die Butter, den Zucker und das Salz vermischen.
3. Zum Kochen bringen und das komplette Mehl auf einmal dazugeben. Mit einem Holzlöffel kräftig rühren, bis die Mixtur schön geschmeidig ist und weder am Löffel noch im Topf kleben bleibt. Sollte die Mischung zu roh aussehen oder Butter austreten, einfach noch etwas länger durcharbeiten, bis sich das Ganze zu einem Teig zusammenfügt. Dann von Herd nehmen und in eine Schüssel geben.
4. 5 Minuten abkühlen lassen. Dann einzeln, eins nach dem anderen, die Eier dazugeben. Die Mixtur nach dem Zugeben jedes Eis weiter schlagen, um sicherzustellen, dass das Ei vollständig eingearbeitet ist.
5. Einen großen Spritzbeutel mit einer einfachen Rundtülle (ca. 1 cm Ø) mit dem Brandteig füllen. Mit jeweils ca. 5 cm Abstand zueinander Bällchen von ca. 3 cm Ø auf die Backbleche spritzen. Einen Finger in Wasser tauchen und die Spitze glattstreichen, die nach dem Aufspritzen bleibt.
6. 10 Minuten backen, dann die Ofentemperatur auf 175 °C reduzieren. Weitere 20 bis 25 Minuten backen bzw. so lange, bis das Gebäck goldbraun ist und sich fest anfühlt.
7. Mit einem Spieß oder der Spitze eines Gemüsemessers ein kleines Loch in die Unterseite jedes Windbeutels piken, dann mit der Oberseite nach unten (oder seitlich) auf das Blech zurückgeben, damit während des Abkühlens der Dampf entweichen kann. Bis zum Füllen in einem luftdicht verschließbaren Behältnis lagern.
8. Die Zutaten für die Füllung in eine Schüssel geben und mit einer Gabel alles gründlich miteinander vermischen.
9. Die Füllung in einen Spritzbeutel mit einer kleinen Tülle (ca. 5 mm Ø) füllen und jeweils ca. ½ TL Füllung auf den Boden jedes Windbeutels spritzen. Dabei darauf achten, den Windbeutel nicht zu überfüllen, da das Verhältnis von Teig zu Füllung sonst nicht stimmt.
10. Servieren und genießen.

Mr. Meeseeks: Ich brauch ´ne ganze Palette von diesem Zeug für einen Friedensgipfel mit den Eichhörnchen. Ich weiß, normalerweise fressen die Nüsse und so, aber Eichhörnchen sind eigentlich Allesfresser. Also praktisch Ratten mit besserer PR. Darum servieren wir ihnen was, das sie aus den Socken haut (die sie nicht tragen), damit wir das Kriegsbeil begraben können und ich nicht noch ´ne Dimensionsrealität wegpusten muss.

LIL'BITS

Willkommen zu deiner neuen Laufbahn als Koch in den Lil' Bits-Familienrestaurants!

Vergiss nicht: Unsere Gäste haben kleine, schmale Münder. Deshalb kommen sie zu Lil' Bits. Bei uns ist das Essen winzig. Es sieht aus wie normales Essen, aber in total winzig!

Jedes Gericht sollte dem Lil' Bits-Versprechen gerecht werden: »Man steckt es sich einfach in den Mund. Nichts bleibt zwischen den Lippen stecken! Es ist klein und fein und passt einfach rein!«

Also friss verdammt nochmal Scheiße, du blöder Wichser! Haha, war bloß Spaß!

LIL' BITS-SANDWICHES

6 TK-Laugenstangen

3 Scheiben Schweizer Käse (oder bevorzugte Sorte)

3 Scheiben Putenaufschnitt (oder bevorzugte Wurst)

2 bis 3 junge Salatblätter pro Sandwich

3 bis 4 Kirschtomaten

¼ rote Zwiebel

1 Gewürzgurke

FÜR EIN SANDWICH:

1 aufgebackene Laugenstange

½ TL Mayonnaise

½ TL Senf

½ Scheibe Schweizer Käse (oder bevorzugte Sorte), in Dreiecke geschnitten

½ Scheibe Putenaufschnitt (oder bevorzugte Wurst)

½ Blatt Salat

1 Kirschtomate, in dünne Scheiben geschnitten

2 dünne Zwiebelscheiben

2 bis 4 Gewürzgurkenscheiben (nehmt hierfür die Gewürzgurken aus dem Appetithäppchen-Kapitel)

 **18 Mini-Sandwiches**

 **Zubereitung: 25 Minuten**
Kochzeit: 15 Minuten

1. Die Laugenstangen gemäß Packungsanleitung rechtzeitig vor der Verwendung backen. Bevor ihr die Sandwiches zubereitet, vollständig abkühlen lassen.
2. Die Laugenstange waagerecht der Länge nach aufschneiden und beide Seiten mit Mayonnaise und Senf bestreichen.
3. Die Käsedreiecke auf der unteren Hälfte jeder Laugenstange arrangieren.
4. Den Putenaufschnitt in 2 bis 3 Stücke schneiden und so auf die Sandwiches legen, dass die Wurst den Käse vollständig bedeckt.
5. Das Salatblatt fest zusammenrollen und in schmale Streifen schneiden, dann oben auf dem Putenaufschnitt arrangieren.
6. Euer Sandwich mit Tomate, Zwiebel und Gewürzgurke garnieren und mit der oberen Laugenstangenhälfte abschließen. Jedes Sandwich in drei Teile schneiden.
7. Dies mit den restlichen Laugenstangen wiederholen.

LIL' BITS-PASTETEN

 12 Minipasteten

 **Zubereitung: 1 Stunde, 25 Minuten**
Kochzeit: 20 Minuten

FÜR DEN PASTETENTEIG:

200 g Mehl Type 550

1 TL Puderzucker

½ TL Salz

60 g ungesalzene Butter, sehr kalt

2 EL Margarine, sehr kalt

Ca. 80 ml Eiswasser

FÜR DIE FÜLLUNG:

100 g Zucker

2 EL Speisestärke

¼ TL gemahlener Piment

280 g TK-Blaubeeren

3 EL Zitronensaft

2 EL Milch zum Bestreichen

2 EL Zucker als Garnitur

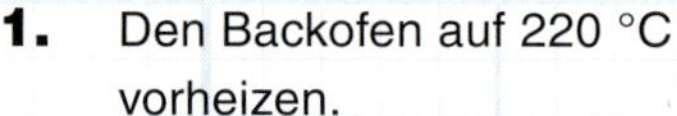

1. Den Backofen auf 220 °C vorheizen.

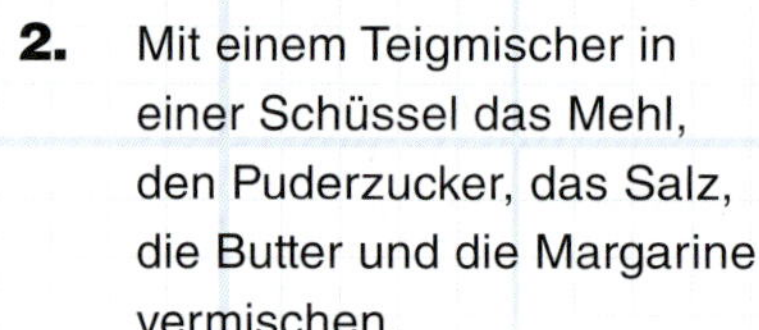

2. Mit einem Teigmischer in einer Schüssel das Mehl, den Puderzucker, das Salz, die Butter und die Margarine vermischen.
3. Sobald die Butter- und Margarinestückchen nur noch erbsengroß sind, nach und nach, immer ein bisschen auf einmal, das Wasser dazugeben (vielleicht braucht ihr gar nicht alles) und mit den Händen durcharbeiten, bis sich das Ganze zu einem lockeren Teig zusammenfügt.
4. Den Teig auf einer leicht bemehlten Arbeitsfläche ausbringen und ca. 2½ cm dick ausrollen. Dann mit einem Keksausstecher oder einem kleinen Glas zwölf Kreise von ca. 7 cm Ø ausstechen. Die Teigstücke vorsichtig in eine Minimuffin-Backform drücken und für 20 Minuten in den Kühlschrank geben.
5. Für die »Pastetendeckel« 12 Kreise von jeweils ca. 4 cm Ø aus dem Teig ausstechen, auf ein mit Backpapier ausgelegtes Backblech legen und für 20 Minuten in den Kühlschrank geben.
6. Für die Füllung in einer Schüssel den Zucker, die Speisestärke, den Piment und die TK-Blaubeeren so vermischen, dass die Beeren ringsum damit überzogen sind. Den Zitronensaft hinzufügen und 5 Minuten beiseitestellen.
7. Die Füllung in einen kleinen Topf geben und bei mittlerer Hitze zum Kochen bringen. Ca. 10 Minuten unter gelegentlichem Rühren köcheln lassen, sodass nichts anbrennt. Die Füllung ist fertig, sobald sie schön dickflüssig und glänzend ist. Dann beiseitestellen und abkühlen lassen.
8. Ist die Füllung abgekühlt, jeweils 1 TL davon in jede »Pastetenschale« geben und die Pasteten mit dem »Deckel« verschließen. Die Kanten ringsum mit spitzen Fingern zusammendrücken und mit einem Zahnstocher jeweils drei kleine Löcher in die Oberseiten der Pasteten stechen, durch die der Dampf entweichen kann. Die Pasteten mit etwas Milch bepinseln und mit ein bisschen Zucker bestreuen. Ca. 15 bis 20 Minuten goldbraun backen.

LIL' BITS-SPIEGELEIER

 4 bis 5 Mini-Spiegeleier

 **Zubereitung: 10 bis 24 Stunden (Eier über Nacht einfrieren)**
Kochzeit: 5 Minuten

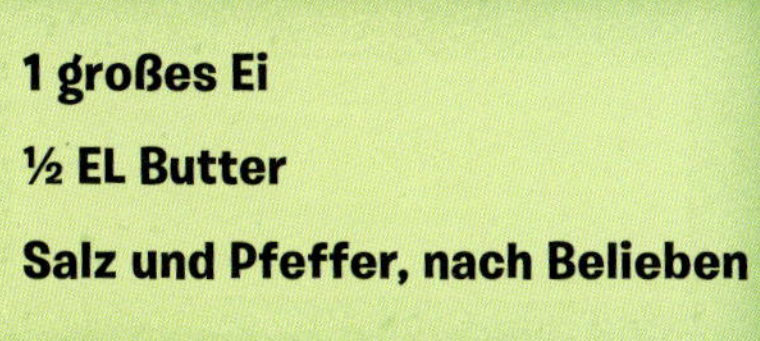

1 großes Ei

½ EL Butter

Salz und Pfeffer, nach Belieben

1. Das Ei über Nacht ins Gefrierfach geben bzw. so lange, bis es komplett fest ist. Sobald das Ei gefroren ist, die Schale aufbrechen und entfernen. Wenn ihr hierbei warmes Wasser über das Ei laufen lasst, geht das Pellen einfacher.
2. Habt ihr die Schale entfernt, das Ei mit einem scharfen Messer vorsichtig in runde Scheiben schneiden.
3. In einer kleinen Pfanne bei mittlerer Hitze die Butter schmelzen und die Eischeiben hineinlegen. Einen Deckel auf die Pfanne legen und das Ei garen, bis das Eiweiß fest ist, das Eigelb aber noch ein bisschen flüssig (ca. 3 bis 5 Minuten). Dann auf einen Teller geben und nach Belieben mit Salz und Pfeffer würzen.

LIL' BITS-MINIPIZZEN

 **24 Minipizzen**

 **Zubereitung: 30 Minuten**
Kochzeit: 10 Minuten

450 g frischer Pizzateig

220 g Peperoni-Salami, in Scheiben

Pizzasoße der Alternativen Realitätspizza (siehe S. 80)

170 g geriebener Mozzarella

1. Den Backofen auf 220 °C vorheizen.
2. Auf einer kräftig bemehlten Arbeitsfläche aus dem Pizzateig Kugeln von ca. 5 cm Ø formen. Mit dem Handrücken rund und flach drücken. Jeweils 1 TL Pizzasoße in die Mitte jeder Minipizza geben und gleichmäßig darauf verstreichen. Mit ½ EL geriebenem Käse bestreuen.
3. Mit einem dicken Strohhalm oder einer Spritztülle kleine runde Stücke aus jeder Salamischeibe ausstechen und auf eurer Minipizza arrangieren. Dann auf ein mit Backpapier ausgelegtes Backblech geben. Dies mit den übrigen Zutaten wiederholen.
4. Sobald die Pizzen backfertig sind, für 5 bis 10 Minuten in den Ofen geben. Dabei gut im Auge behalten, da diese Minipizzen schnell zu dunkel werden! Servieren und genießen.

SICHERHEITSAUFZEICHNUNG: 21.18 UHR

NICHT-RICK IDENTIFIZIERT: SUMMER

BEDROHUNGSEINSCHÄTZUNG: MISCHT SICH UNGEFRAGT IN MEINEN SCHEISS EIN

AUDIOAUFNAHME_TRANSKRIPT_RICKS LABOR_RU486

HEY, ÄH, COMPUTER? DU KANNST DOCH, NA JA, SACHEN MACHEN, ODER? ALSO MACH MIR WELCHE VON DIESEN ALIEN-CHIPS! DIE SIND ECHT LECKER!

* BEGINNE KRÜMEL- UND FETTANALYSE … APPROXIMATION MIT VERFÜGBAREN MATERIALIEN LÄUFT …*

BOBBISH-KARTOFFELCHIPS

1 kg Kartoffeln (festkochend)

3 EL Salz

FÜR DIE SALZ & PFEFFER-WÜRZUNG:

2 TL frisch gemahlener schwarzer Pfeffer

1 TL Salz

FÜR DIE SCHNITTLAUCH & CHEDDAR-WÜRZUNG:

2 TL Schnittlauch, getrocknet

1 TL Cheddarpulver

¼ TL Salz

FÜR DIE CAJUN/BBQ-WÜRZUNG:

1 TL Chilipulver

½ TL gemahlener Kumin

½ TL Zwiebelpulver

½ TL Knoblauchpulver

¼ TL Senfpulver

¼ TL geräuchertes Paprikapulver

 **6 Portionen**

 **Zubereitung: 2 Stunden, 30 Minuten**
Kochzeit: 5 Minuten

1. Die Kartoffeln vertikal gegen eine Mandoline drücken und behutsam auf der schmalsten Einstellung in Scheiben schneiden.
2. Die Kartoffelscheiben in eine große Schüssel geben, mit kaltem Wasser bedecken und 2 Stunden einweichen. Nach der Hälfte der Zeit das Wasser wechseln und das Salz einrühren.
3. Das Öl in einem großen Schmortopf auf 175 °C bis 190 °C erwärmen.
4. Die eingeweichten Kartoffeln abgießen, abtropfen lassen, auf ein mit einem Küchentuch ausgelegtes Backblech legen und so trocken tupfen, wie es nur geht. Anschließend immer bloß ein paar Scheiben auf einmal frittieren. Jede Scheibe dabei zwischendurch mit einem Abseihlöffel oder einem Schaumlöffel wenden. Sobald die Chips hell-goldbraun sind (ca. 1 Minute), herausnehmen und auf einem mit Küchenpapier ausgelegten Backblech abtropfen lassen. Dies wiederholen, bis alle Kartoffelscheiben frittiert sind.
5. Alle Zutaten der gewünschten Würzung miteinander vermischen. Die Chips unmittelbar nach dem Frittieren damit bestreuen, sodass die Würzung an den Kartoffelscheiben haften bleibt.

ÄHM … OKAY … ALSO, MACHST DU MIR JETZT DIESE CHIPS, ODER …?

AKTIVIERE: NACHRICHT VON RICK: S058B …

»FICK DICH, SUMMER! DAS HIER IST DER FORTSCHRITTLICHSTE DIGITALE ASSISTENT DES UNIVERSUMS, KEINE VERFICKTE HANDY-APP, UM FAULE GÖREN ZU VERKÖSTIGEN! MACH DIR DEN MIST, DEN DU HABEN WILLST, GEFÄLLIGST SELBST!«

BUH! ARSCHLOCH! ALS WÜRDE SICH IRGENDWER SOLCHE MÜHE MACHEN FÜR CHIPS!

SICHERHEITSAUFZEICHNUNG: 21.23 UHR

NICHT-RICK IDENTIFIZIERT: SUMMER

BEDROHUNGSEINSCHÄTZUNG: FAULHEITSZIELERFASSUNG … ERFOLGREICH

HAUPT-GERICHTE

Eine großartige Mahlzeit braucht einen großartigen Hauptgang!

Etwas Erfüllendes, Nahrhaftes, Spaßiges und Überraschendes.

Was bei genauerer Betrachtung ziemlich treffend beschreibt, was nötig ist, um eine großartige Mutter zu sein!

Ich meine, ich will mich ja nicht selbst loben, aber dieser Vergleich ist wirklich sehr treffend. Der Hauptgang versorgt einen mit dem GROSSTEIL dessen, womit einen Essen versorgen sollte, sodass all die kleinen Beilagen, die dazu serviert werden, in jede gewünschte Richtung gehen können. (Was allerdings nicht zwangsläufig bedeutet, dass sie irgendwie »befriedigend« oder »gesund« oder »sättigend« sind.)

Setzt das den Hauptgang manchmal ZU SEHR unter Druck? ABSOLUT! Wie könnte es ein einzelnes Gericht mit drei oder vier verschiedenen Appetithäppchen aufnehmen, die miteinander wetteifern oder verschwinden und jeden einzelnen TAG ein unvorstellbares Chaos und fremdartige, außerirdische, existenzielle ALBTRÄUME auf den Tisch des Hauses bringen?

Vielleicht sollte ich mich mit dem Gedanken trösten, dass da draußen noch ein weiteres Hauptgericht wie dieses existiert, das nach genau demselben Rezept zubereitet wurde?

300
200
100

CRONENBERG-ENCHILADAS

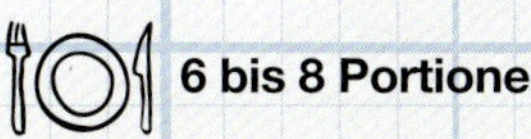 6 bis 8 Portionen

 Zubereitung: 1 Stunde, 25 Minuten
Kochzeit: 1 Stunde, 45 Minuten

Ich liebe Enchiladas! Ich weiß, dass das vermutlich noch keiner wusste. Aber JETZT wisst ihr Bescheid! Rick ist ein riiiesiger Enchila-Daddy!

Doch seit damals, als ich versehentlich jeden in Mortys Heimatdimension in grässliche, mutierte, fleischige CRONENBERG-MONSTER verwandelt habe, erträgt er es einfach nicht mehr, SAFTIGE, TRIEFENDE, KLEBRIGE, ROTE ENCHILADAS zu sehen, ohne loszuheulen!

Aber wisst ihr, was? Grandpa liiiiiebt seine Enchiladas trotzdem! Und wenn ich diese Babys nicht immer genau dann kriege, wenn ich sie haben will, könnte ich auf die Idee kommen, DIESE GANZE WELT zu CRONENBERGEN! Also spar dir dein Gejammer, Morty! Denn ich will JETZT Enchiladas! Und ganz im Ernst: Das Salz deiner Tränen wurde die gesamte Geschmacksmatrix durcheinanderbringen!

FÜR DIE MOLE:

- 1 EL Öl (für die Pfanne)
- ½ gelbe Zwiebel, fein gewürfelt
- 3 Knoblauchzehen, fein gehackt
- 1 Jalapeño, entsamt und fein gehackt
- 2 EL Rosinen
- 1 EL Chilipulver
- ½ TL gemahlener Zimt
- ½ TL gemahlener Koriander
- 2 EL Paniermehl
- 300 ml Gemüsefond
- 1 getrocknetes Lorbeerblatt
- 2 EL ungesüßtes Kakaopulver
- 1 EL geschmeidige Mandelbutter
- ½ EL Ketchup
- ½ TL Salz

FÜR DAS HÜHNCHEN:

- 500 g Hühnerkeulen, ohne Haut und Knochen
- 80 ml Mole zum Bestreichen

FÜR DIE ENCHILADA-SOSSE:

- 1 EL Pflanzenöl (für die Pfanne)
- ½ gelbe Zwiebel
- 2 Knoblauchzehen, fein gehackt
- 100 g milde grüne Chilischoten, fein gewürfelt
- 1 Lorbeerblatt
- 1 TL Oregano
- 1½ TL gemahlener Kumin
- 800 g Tomatenpüree oder Tomatensoße
- 250 ml Gemüsefond

FÜR DIE BOHNEN:

- 200 g schwarze Bohnen
- 1 getrocknetes Lorbeerblatt
- 1 TL Salz

FÜR DIE ENCHILADAS:

- 220 g geriebener Cheddarkäse
- 20 Mehltortillas (ca. 15-20 cm Ø)

FORTSETZUNG AUF NÄCHSTER SEITE …

DIE MOLE ZUBEREITEN:

1. In einem großen Topf das Öl erwärmen. Die Zwiebeln glasig schwitzen.
2. Den Knoblauch, die Jalapeño und die Rosinen hinzufügen und anschwitzen, bis das Gemüse weich ist.
3. Das Chilipulver, den Zimt, den Koriander und das Paniermehl einrühren. 3 bis 5 Minuten weiter garen, bis die Mixtur am Topfboden zu kleben beginnt.
4. Langsam den Fond dazugießen und umrühren, um die Stückchen vom Topfboden zu lösen.
5. 10 Minuten köcheln lassen, dann vom Herd nehmen. Mit einem Pürierstab fein pürieren. (Alternativ könnt ihr auch einen normalen Mixer verwenden, aber dann muss die Mixtur vorher abkühlen. Anschließend zurück in den Topf geben.)
6. Das Lorbeerblatt, das Kakaopulver, die Mandelbutter, den Ketchup und das Salz dazugeben. Alles miteinander verrühren und weitere 15 Minuten köcheln lassen. Beiseitestellen.

DAS HÜHNCHEN ZUBEREITEN:

7. Den Backofen auf 220 °C vorheizen.
8. Die Hühnerkeulen auf ein Backblech geben.
9. Jede Keule ringsum mit der Mole überziehen.
10. Ca. 20 bis 25 Minuten im Ofen garen bzw. so lange, bis die Kerntemperatur 74 °C erreicht.
11. Aus dem Ofen nehmen und ruhen lassen. Sind die Keulen abgekühlt, mit zwei Gabeln auseinanderrupfen.

DIE BOHNEN ZUBEREITEN:

12. Die Bohnen zusammen mit dem Lorbeerblatt und dem Salz in einen kleinen Topf geben.
13. Durchwärmen und beiseitestellen.

DIE ENCHILADA-SOSSE ZUBEREITEN:

14. In einem Topf das Öl erwärmen und die Zwiebeln glasig schwitzen.
15. Den Knoblauch, die fein gewürfelten grünen Chilischoten, das Lorbeerblatt, den Oregano und das Kumin dazugeben, alles gut verrühren und weitere 5 Minuten sautieren.
16. Die Tomatensoße und den Gemüsefond dazugeben.
17. Zum Kochen bringen, 10 Minuten sanft köcheln lassen und beiseitestellen.

DIE ENCHILADAS ZUBEREITEN:

18. Den Backofen auf 190 °C vorheizen.
19. 170 g geriebenen Käse mit dem Hühnchenfleisch und den Bohnen vermischen. (Das Lorbeerblatt herausnehmen.) Das ist die Enchilada-Füllung.
20. Ca. 75 g der Enchilada-Soße auf den Boden einer gläsernen Back- oder Auflaufform geben und gleichmäßig verteilen.
21. Eine Tortilla in den Topf mit der Enchilada-Soße tauchen und gleichmäßig mit Soße überziehen. Dann 2 EL Füllung in die Mitte der Tortilla geben.
22. Die Tortilla vorsichtig zusammenrollen und mit der »Naht« nach unten in die Auflaufform legen. Dies mit den übrigen Tortillas wiederholen, bis die Form voll ist.
23. Die restliche Enchilada-Soße gleichmäßig über die gerollten Enchiladas gießen.
24. Mit Alufolie abdecken und 20 Minuten backen.
25. Sobald die Enchiladas blubbern, die Alufolie entfernen, mit dem restlichen geriebenen Käse bestreuen und weitere 10 Minuten backen, bis die Käseschicht knusprig ist.
26. Zusammen mit der übrigen Mole als Dip servieren.

RICKS SCHWEINEFLEISCH-SCALOPPINE

 5 bis 6 Portionen

 Zubereitung: 1 Stunde, 45 Minuten
Kochzeit: 1 Stunde

Hi, Beth, Liebes.

So lange ich mich nach der überraschend effektiven DETOX-Behandlung noch in diesem Zustand UNGEWOHNTER GEISTIGER KLARHEIT befinde, möchte ich gern diese SCALOPPINE für dich zubereiten.

So, wie ich den »normalen Rick« kenne, wird's nicht lange dauern, bis uns Bedauern, Ego und Hedonismus wieder in einen Rick verwandeln, der so mit seinem eigenen Kram beschäftigt ist, dass er alles andere ringsum vergisst.

Dummerweise hab ich das Gefühl, dass die wiederholte Inanspruchnahme des Gedankensprengers »Nicht ohne mein Toxin« so ziemlich alle Erinnerungen daran gelöscht hat, WIE man dieses Gericht auf die Weise zubereitet, wie du es früher am liebsten mochtest. Aber was hältst du von DIESEM Rezept?

250 g Nudeln

3 l Wasser für die Nudeln

5 dünne Schweinekoteletts

Salz und Pfeffer zum Würzen der Koteletts

120 g Mehl

1 EL Butter

2 EL Kapern

2 Knoblauchzehen, fein gehackt

60 ml Weißwein

1 Zitrone, entsaftet

1 EL Kapernlake (aus dem Glas)

1 TL frischer Thymian, fein gehackt

1 TL gehackte Petersilie sowie noch etwas mehr als Garnitur

1. In einem großen Topf 3 l Wasser zum Kochen bringen, die Nudeln hineingeben und durchrühren, um sicherzustellen, dass sie nicht zusammenkleben. Ca. 8 bis 10 Minuten al dente (bissfest) kochen. Abgießen und warmhalten; optional einen kleinen Klecks Butter oder einen Spritzer Olivenöl zu den gekochten Nudeln geben und durchrühren, um die Pasta mit dem Fett zu überziehen. 60 ml Nudelwasser aufbewahren.
2. Die Schweinekoteletts von beiden Seiten mit Salz und Pfeffer würzen.
3. Die Koteletts von beiden Seiten in Mehl wenden; das Fleisch dabei kräftig in das Mehl pressen, um dafür zu sorgen, dass es gleichmäßig damit überzogen ist.
4. Die Butter in einer Pfanne erwärmen. Sobald die Butter schäumt, die Schweinekoteletts in mehreren Schüben anbraten, bis sie goldbraun sind und die Kerntemperatur 63 °C beträgt (ca. 5 Minuten von jeder Seite). Dann aus der Pfanne nehmen und bei niedriger Temperatur im Ofen warmhalten.
5. Sobald alle Koteletts angebraten sind, die Kapern und den Knoblauch in die Pfanne geben und 2 Minuten anschwitzen. Mit dem Wein und dem Zitronensaft ablöschen, dann das aufbewahrte Nudelwasser hinzufügen, um die Soße zu binden. Den Thymian und die Petersilie dazugeben und 1 bis 2 Minuten köcheln lassen.
6. Jeweils ein Kotelett auf einem Nudelbett servieren. Nach Belieben mit Zitronen-Kapern-Soße und gehackter Petersilie garniert servieren.

← Post-Entgiftungs-Selfie. Willst du nicht auch, dass wir so lange wie möglich diese vernünftige, fokussierte Version unserer selbst sind, allein schon für unsere Familie?
Ich wette, die haben genug von unserer TOXISCHEN Seite!

ZUCKERHÜHNCHEN

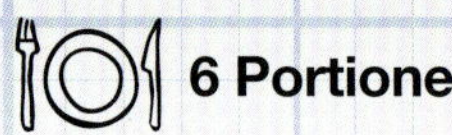
6 Portionen

Zubereitung: 1 Stunde
Kochzeit: 35 Minuten

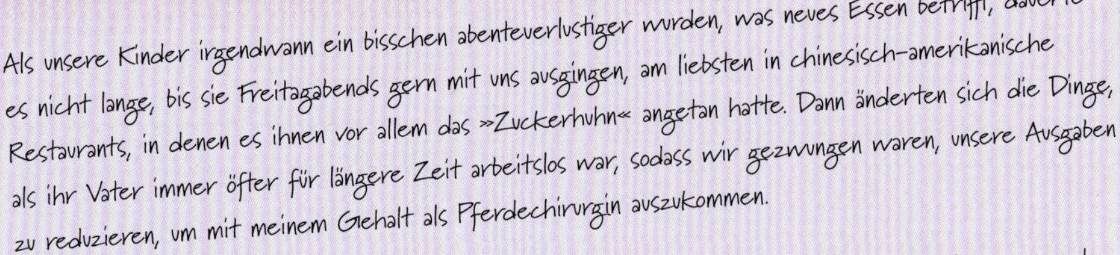

Als unsere Kinder irgendwann ein bisschen abenteuerlustiger wurden, was neues Essen betrifft, dauerte es nicht lange, bis sie Freitagabends gern mit uns ausgingen, am liebsten in chinesisch-amerikanische Restaurants, in denen es ihnen vor allem das »Zuckerhuhn« angetan hatte. Dann änderten sich die Dinge, als ihr Vater immer öfter für längere Zeit arbeitslos war, sodass wir gezwungen waren, unsere Ausgaben zu reduzieren, um mit meinem Gehalt als Pferdechirurgin auszukommen.

Die Kids waren traurig darüber, diese liebgewonnene Tradition aufgeben zu müssen, aber ich versprach ihnen, zu lernen, wie man ihre Lieblingsgerichte zuhause kocht, recherchierte die entsprechenden Rezepte und probierte verschiedene Zubereitungsweisen aus.

Doch nach einigen Wochen voller Gejammer und Gemaule darüber, DASS DAS ESSEN, DAS ICH NACH EINEM LANGEN, HARTEN TAG, AN DEM ICH BIS ZU DEN ELLBOGEN IN PFERDEGEDÄRM STECKTE, »nicht richtig schmeckt«, wurde uns klar, dass es einfacher war, Jerry zu zwingen, in einem der Restaurants einen Job als Tellerwäscher anzunehmen, und wenn auch nur lange genug, um sich abzugucken, wie genau man diese Gerichte macht, bevor er wieder gefeuert wird. Eine WIN-WIN-Situation! (Übrigens hat's bis zur Kündigung genau sechs Tage gedauert. Er hat es fertiggebracht, nach gerade mal SECHS TAGEN als TELLERWÄSCHER rausgeworfen zu werden!) Ich hoffe, dieses Rezept lässt euch all die Kritik vergessen, die in den vergangenen Monaten von diesen MÖCHTEGERN-FOODKRITIKERN kam, und bringt dieses undankbare Pack dazu, stattdessen endlich mal zu sagen: »DANKE, MOM! WIR LIEBEN DICH!«

250 ml Orangensaft
1 Orange, abgerieben
2 EL Reisessig
3 EL Sojasoße
½ TL Sesamöl
1 TL Mirin
6 EL Rohrzucker
2 Knoblauchzehen, gerieben
½ TL frischer Ingwer, gerieben
½ TL rote Pfefferflocken
½ EL Speisestärke für die Soße

60 ml Wasser
1½ l Öl zum Frittieren
800 g weißer Reis
140 g Speisestärke
60 g Mehl
2 Eier
1 kg Hühnerkeulen, ohne Haut und Knochen, in ca. 3 cm große Würfel geschnitten
4 Frühlingszwiebeln, in dünne Ringe geschnitten

1. In einem Topf den Orangensaft, die Orangenzeste, den Reisessig, die Sojasoße, das Sesamöl und den Mirin vermischen. Zum Köcheln bringen.
2. Den Rohrzucker, den Knoblauch, den Ingwer und die Pfefferflocken dazugeben. Weitere 5 Minuten köcheln lassen.
3. In einem Becher ½ EL Speisestärke und das Wasser zu einem dünnen Brei verrühren. Diesen Brei bei niedriger Hitze langsam in die Soße geben und unter stetem Rühren so lange köcheln lassen, bis das Ganze merklich eingedickt ist und schön glänzt.
4. Das Öl in einem großen Schmortopf auf 175 °C erwärmen.
5. Den Reis gemäß Packungsanleitung garen (am besten mit einem Reiskocher).
6. In einer flachen Schüssel 130 g Speisestärke und 125 g Mehl vermischen.
7. 2 Eier in eine flache Schüssel aufbrechen und miteinander verquirlen.
8. Die Hühnchenstücke in Schüben erst in der Mehl-/Speisestärke-Mischung wenden, dann in dem Ei und anschließend erneut in der Mehl-/Speisestärke-Mixtur.
9. Sobald das Hühnchen ringsum paniert ist, in mehreren Schüben ca. 5 bis 10 Minuten goldbraun frittieren.
10. Sobald alle Hühnchenstücke frittiert sind, in eine große Schüssel geben und die Soße darüber träufeln. Durcheinanderwerfen, um alles zu vermischen, und warm auf Reis servieren. Mit Frühlingszwiebeln garnieren.

Lieber Rick.

Wenn du das hier liest, bin ich tot.

Doch momentan lebe ich noch und habe unlängst voller Wohlwollen an all das gedacht, das du mir gegeben hast. Freundschaft. Inspiration. Einen Ort von unglaublicher Schönheit, Frieden und innerer Einkehr, wo ich einfach die Hosen runterlassen und ohne jede Befangenheit und mit gnädiger Luftzirkulation selbst den größten Haufen vom Stapel lassen kann.

Und nach allem, dass ich dir verdanke, möchte ich diesen Gefallen nun erwidern. Es ist bloß eine kleine Geste, aber betrachte sie als Zeichen meiner Wertschätzung für die vielen Erinnerungen, die uns verbinden, wie beispielsweise den Umstand, dass du mich deine vormals private Toilette benutzen ließest.

Als du meine Darmergüsse analysiert und mich anschließend zur Rede gestellt hast, fragtest du: »War's das wert?«

Jetzt, wo wir beide uns so gut kennen, kann ich darauf leichthin erwidern: »Ja.« Aber damals, als ich nur an das Clubsandwich denken konnte, das ich einige Stunden zuvor in einem Frosch-geführten Restaurant in der Nähe meiner Arbeitsstelle verspeist hatte …?

Okay, vermutlich hätte ich seinerzeit auch nicht nein gesagt. Es war ein verdammt gutes Sandwich!

Darum habe ich mir die Mühe gemacht, ein Rezept dafür zu erstellen, so gut ich's eben konnte. Ich hoffe, es bereitet dir ein wenig von der Freude und dem Gleichmut, die mir dein ureigener Kakatempel verschafft hat.

Ich halte den Sitz für dich warm!

Tony

FROSCHCLUB-SANDWICH

- 3 Scheiben Sauerteig-Sandwichbrot, nach Belieben getoastet
- ½ EL Mayonnaise
- 1 Scheibe Schweizer Käse
- 2 bis 3 Scheiben Putenaufschnitt
- 2 bis 3 Scheiben Schwarzwälder Schinken
- 1 EL Pesto (siehe Grilltomatenpasta, S. 88)
- 20 g Babyspinat, entstielt
- 2 runde Tomatenscheiben
- 2 bis 4 Streifen Frühstücks-speck, je nach Größe
- 2 gefüllte Oliven

 1 Sandwich

 Zubereitung: 15 Minuten
Kochzeit: 25 Minuten

1. Den Frühstücksspeck mit eurer bevorzugten Methode kross anbraten.
2. Zwei Brotscheiben mit Mayonnaise bestreichen und den Schweizer Käse auf eine der Scheiben legen.
3. Abwechselnd den Schinken und den Putenaufschnitt darauf schichten. Mit dem zweiten Stück Brot krönen, mit der Mayonnaise nach unten.
4. Die Hälfte des Pestos oben auf dem Brot verstreichen.
5. Den Spinat auf das Pesto schichten, um die oberste Schicht des Sandwiches zuzubereiten. Darauf folgen die Tomatenscheiben und der Frühstücksspeck. Schließlich mit der letzten Brotscheibe und dem restlichen Pesto abschließen. Mit den Oliven garnieren und servieren.
6. Ach, ja: Auch, wenn's hier bloß um ein Sandwich geht, bedeutet das nicht, dass ihr allein seid!

UNITÄTSBURGER

6 bis 8 Burger

Zubereitung: 45 Minuten
Kochzeit: 25 Minuten

Als expansive, kontagiöse Entität mit Schwarmbewusstsein habe ich von meinen Wirten aus unzähligen Zivilisationen eine nahezu unbegrenzte Menge an Wissen und Erfahrung absorbiert.

Unitäts Verstand birgt das Gedächtnis und die Entdeckungen von Millionen Lebenszeiten, die Weisheit von unzähligen Entscheidungen und deren Auswirkungen, die Expertise der größten Koryphäen aus der Forschung, die Erinnerungen jener, die Zeugen der seltensten wissenschaftlichsten Phänomene und der metaphysischsten Wahrheiten wurden!

Daher kann ich dir mit aller Unbescheidenheit und voller Überzeugung versichern: Dies ist das beste Burger-Rezept im Multiversum!

5 Scheiben Frühstücksspeck, zerbröselt

220 g Gruyère-Käse, gerieben

1 EL Butter, aufgeweicht

1 kg Rinderhack

2 EL Worcestershiresoße

Schwarzer Pfeffer, nach Belieben

1 TL Salz

6 Burger-Brötchen, getoastet

1. Mit eurer bevorzugten Methode den Frühstücksspeck kross anbraten, dann zerbröseln und mit dem geriebenen Käse und der Butter vermischen. Von der Masse jeweils ½ EL abnehmen, zu Bällen formen und auf einem Teller im Kühlschrank kaltstellen, bis es Zeit wird, die Patties zu formen.
2. In einer großen Schüssel das Rinderhack, die Worcestershiresoße, das Salz und den Pfeffer vermischen. Mit einer Küchenwaage jeweils 100 g abmessen, zu einem Ball formen und auf ein mit Backpapier ausgelegtes Backblech legen.
3. Mit euren eigenen Händen (oder mit den Händen anderer, die ihr mit eurem bemerkenswerten Bewusstsein kontrolliert) jeden Fleischball zu einem runden Patty formen und eine kleine Vertiefung in die Mitte drücken. Dann jeweils eine Speck-Käse-Kugel in den Vertiefungen platzieren und die Füllung behutsam mit dem Fleisch umschließen. Dies mit den übrigen Pattys und der restlichen Füllung wiederholen.

4. Sobald alle Patties gefüllt und geformt sind, für mindestens 15 Minuten bis maximal 4 Stunden zum Kühlen in den Kühlschrank geben.
5. Den Grill vorheizen oder bei mittlerer Hitze eine gusseiserne Pfanne vorheizen. Sobald der Grill heiß ist, die Patties 3 bis 5 Minuten braten, bis sich eine Kruste bildet. Dann wenden und von der anderen Seite nochmals 3 bis 5 Minuten braten. Mit einem Fleischthermometer auf die gewünschte Kerntemperatur hin überprüfen.

   Medium rare: Kerntemperatur von 55 °C bis 57 °C.

   Medium: Kerntemperatur von 57 °C bis 65 °C.

   Medium well: Kerntemperatur von 65 °C bis 74 °C.

   Well done: Kerntemperatur von 74 °C oder mehr.
6. Die Patties vom Grill nehmen und auf einen Teller geben.
7. Die getoasteten Burgerbrötchen aufschneiden, jeweils einen gebratenen Patty hineingeben und mit euren liebsten Burger-Soßen und -Belägen garnieren.

UNITÄTS-DIÄTTIPP!

Lasst euch vom kollektiven Bewusstsein von Unität verschlingen – so könnt ihr erleben, wie es ist, diesen köstlichen Burger zu essen (oder irgendwas anderes), ohne euch um die Kalorien scheren zu müssen!

Dies ist ein weiteres Lieblingsrezept der Familie Smith-Sanchez, das ich in den ersten Jahren, in denen ich für meine Familie gekocht habe, immer weiter verfeinert und verbessert habe. Als ich seinerzeit als unabhängige junge Frau Medizin studierte und anschließend die Facharztausbildung zur Pferdechirurgin absolvierte, hätte ich mir niemals vorstellen können, aufwändige Gerichte nur für mich selbst zuzubereiten. Doch als ich dann später Kinder hatte (und den Kindskopf, den ich geheiratet habe), um die ich mich kümmern musste, habe ich mir ganz bewusst die Zeit genommen, mir Speisen einfallen zu lassen, die jedem bei uns zuhause schmecken. Nach unzähligen kleinen Experimenten (wie mein Dad, vermute ich!) erwies sich dieses Rezept schließlich als Sieger! Guten Appetit!

TOTALER SCHWACHSINN! Im Ernst, Mom, wenn du so dick aufträgst, ist klar, dass du damit irgendwas kompensieren willst.

Dank, du weißt schon, SUCHMASCHINEN, hat's ZWEI SEKUNDEN gedauert, um rauszufinden, dass dieses Rezept 2008 in einem Blog mit dem Namen »KINDERLEICHTE REZEPTE FÜR UNWILLIGE MÜTTER« veröffentlicht wurde – Wort für Wort genauso!

Doch so verstörend das auch sein mag, belassen wir's einfach dabei, dass das hier ideales Material ist für:

Mom muss DEN MUND HALTEN, falls/wenn Summer beim Abschreiben der Hausaufgaben erwischt wird!

SCHWEINEKOTELETTS À LA FAMILIE SMITH

6 Portionen

Zubereitung: 30 Minuten
Kochzeit: 25-30 Minuten

100 g Dijon-Senf
1 TL Worcestershiresoße
1 EL Honig
2 TL Apfelessig
Pfeffer, nach Belieben
1 Knoblauchzehe, fein gehackt
6 Schweinekoteletts, zartgeklopft

1. Den Backofen auf 205 °C vorheizen.
2. In einem Messbecher den Senf, die Worcestershiresoße, den Honig, den Essig, den Knoblauch und den Pfeffer verquirlen und beiseitestellen.
3. Ein längliches Stück Backpapier abschneiden und in der Mitte falten. Das braucht ihr, um die Schweinekoteletts zu klopfen.
4. Das Backpapier auseinanderfalten und ein Kotelett hineinlegen. Dann das Backpapier so zusammenfalten, dass das Fleisch komplett damit bedeckt ist.
5. Das Fleisch mit einem Fleischklopfer oder dem Boden einer schweren Pfanne gleichmäßig flachklopfen, jedoch nicht so dünn, dass im Backpapier oder in den Koteletts Löcher entstehen. Auf ein Backblech legen.
6. Sind alle Koteletts zartgeklopft, jeweils 1 EL der Senfsoße auf jedes davon geben. Die Soße mit einem Silikonpinsel gleichmäßig auf jedem Kotelett verstreichen und ringsum damit überziehen. Dann so lange im Ofen garen, bis die Kerntemperatur des Fleischs 63 °C erreicht (ca. 25 Minuten).
7. Sollte noch Senfsoße übrig sein, in einem kleinen Topf bei mittlerer Hitze erwärmen und 3 bis 5 Minuten köcheln lassen. Die Koteletts zum Servieren nach Belieben mit der Soße garnieren.

HAMURAI-TIPP!

Wenn ihr ehrenvoll kämpfen und euren Schweinegegner selbst abschlachten wollt, vergesst beim Tranchieren und Ausweiden eures gefallenen Widersachers nicht, dass Koteletts aus dem Rippenstück beiderseits der Wirbelsäule hinter dem Nacken stammen!

HOT DOG ON A RICK
STELLENBEWERBUNG

ICH BIN: EIN MORTY ☐ EIN IRREPARABEL GEISTESGESTÖRTER RICK ☐

HEIMATDIMENSION: ______________________

REFERENZEN (abgesehen davon, der Morty deines Ricks zu sein):

____

BEKANNTE ALLERGIEN, ABWEICHENDE GEISTESZUSTÄNDE, MUTATIONEN, IMPLANTATE, AUSSENLIEGENDE HEIMATWELT-PHYSIOLOGIE, INTERDIMENSIONALE ERKRANKUNGEN, PARASITEN, CHRONISCHE PHYSISCHE ODER PSYCHISCHE TRAUMATA:

____

(Bei Bedarf auf Rückseite fortführen)

BITTE MINDESTENS DREI (3) RICKS ANFÜHREN, DIE WIR ALS REFERENZEN KONTAKTIEREN KÖNNEN.

ICH SCHWÖR DIR, MORTY,
WENN DU ES AUF EIN WEITERES »ZITADELLEN«-ABENTEUER ANLEGST (AN EINEM ORT, DER ZU DEM ZEITPUNKT, AN DEM ICH DAS HIER SCHREIBE, NATÜRLICH NOCH EXISTIERT), ÜBERLASSE ICH DICH IN DEN TIEFSTEN TIEFEN DES DORTIGEN SOLIPSISTISCHEN EINZELHANDELSDISTRIKTS DIR SELBST!

HOT DOGS ON A RICK

 6 Corn Dogs

Zubereitung: 45 Minuten
Kochzeit: 25 Minuten

6 Holzspieße (ca. 22-25 cm lang)

6 Hotdog-Würstchen

6 Scheiben Mozzarella mit geringem Feuchtigkeitsgehalt

160 g Maismehl

120 g Mehl

2 EL weißer Zucker

4 TL Backpulver

½ TL Salz

½ TL Zwiebelpulver

1 TL Chilipulver

250 ml Öl zum Frittieren

120 ml Milch (mehr bei Bedarf)

1 Ei

1. Die Holzspieße der Länge nach mittig durch die Hotdog-Würstchen stecken; dabei unten genügend Platz lassen, dass man den »Stiel« bequem in die Hand nehmen kann.
2. Eine Scheibe Käse auf die Arbeitsfläche legen und jeweils ein aufgespießtes Würstchen horizontal darauf platzieren. Den Käse um das Würstchen wickeln und die Enden des Käses mit den Fingerspitzen so zusammendrücken, dass das »Päckchen« geschlossen bleibt. Dies mit den restlichen Würstchen und dem übrigen Käse wiederholen. Dann für 10 bis 15 Minuten in den Kühlschrank geben, während ihr den Teig zubereitet.
3. Das Öl in einem großen Schmortopf auf 177 °C bis 190 °C erwärmen.
4. In einer großen Schüssel das Maismehl, das Mehl, den Zucker, das Backpulver, das Salz, das Zwiebelpulver, das Chilipulver, die Milch und das Ei vermischen und verquirlen, bis ein geschmeidiger Teig entsteht, der von der Konsistenz her an Pancake-Teig erinnert und vom Löffel tropft. In ein Behältnis füllen, das groß und tief genug ist, um die Corn Dogs vollständig hineinzutauchen.
5. Jeweils einen Corn Dog zurzeit in den Teig tauchen und zwei- bis dreimal darin drehen, um sicherzustellen, dass er gleichmäßig mit Teig überzogen ist. Herausnehmen und allen Überschuss abtropfen lassen. Dann vorsichtig in das Frittieröl geben und 3 bis 5 Minuten goldbraun frittieren. Aus dem Topf nehmen und zum Abtropfen auf ein Drahtgitter legen. Zeitnah servieren.

RICK AUF EINEM HOT DOG!

BLUMENKOHL-PORTALMATSCHE

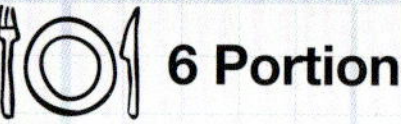
6 Portionen

Zubereitung: 30 Minuten
Kochzeit: 15 Minuten

2 grüne Köpfe Blumenkohl, aufgebrochen

2 Knoblauchzehen, geschält

1 l Wasser

1 EL Salz

2 EL Butter

120 ml Gemüsefond

1 TL Salz

½ EL Zitronensaft

2 EL Pesto (siehe Grilltomatenpasta, S. 88)

2 EL Crema zum Beträufeln

1. Den Blumenkohl aufbrechen. Hierzu alle Außenblätter des Kohlkopfs entfernen und den Strunk abschneiden. Den Blumenkohl auf den Kopf stellen und die Röschen mit einem Gemüsemesser vom Innenstrunk weg abschneiden. Sollten noch Strunkstücke an den Röschen dran sein, sorgsam entfernen.
2. Das Wasser in einem mittelgroßen Topf zum Kochen bringen. Die Blumenkohlröschen und den Knoblauch hineingeben und ca. 10 Minuten garen bzw. so lange, bis der Blumenkohl gar ist. Das Gemüse dann aus dem Topf nehmen, in eine Küchenmaschine geben und die Butter, den Gemüsefond, das Salz und den Zitronensaft hinzufügen. Geschmeidig pürieren und in eine runde Servierschüssel füllen.
3. Mit einem Löffel oder Spatel das Pesto so oben auf dem Blumenkohlpüree verteilen, dass das Ganze an Ricks Portal erinnert. Schließlich mit der Crema beträufeln, um dem Ganzen den letzten Schliff zu verpassen.

OPTIONAL:

Schneidet ein paar Hot Dogs auf und bastelt daraus einen **Hot Dog-Morty**, nur um zu gucken, wie das aussieht!

So, hier ist ein weiteres »Morty-Rezept«, das ich mir selbst ausgedacht habe! (Sind die Extrapunkte damit fix?)

Es ist: BLUMENKOHL-PORTALMATSCHE!

Das Ganze ist wie Kartoffelstampf – aber mit Blumenkohl! Übrigens: Wusstet ihr, dass es GRÜNEN Blumenkohl gibt? Und nein, damit meine ich nicht Brokkoli!

Ich mein, das tut jetzt vielleicht nichts zur Sache, aber, hey, ich lerne beim Zusammenstellen dieses Buchs sogar was!

Klar, ihr könntet stinknormalen Kartoffelbrei haben – oder stattdessen diese supercoole neue Kreation ausprobieren, die genauso aussieht wie die Portale, die mein Grandpa Rick macht. Es gibt verschiedene Grüntöne und ein bisschen was Weißes. Spaßig, oder?

Wenn ich so ein Portal sehe, wartet auf der anderen Seite normalerweise irgendein neues Abenteuer. Und jetzt könnt ihr selbst auf so ein Abenteuer gehen – auf ein GESCHMACKSABENTEUER! Haha.

Was ist so falsch daran, NORMAL zu sein? Ich meine, im Ernst, WANN in all den Jahren, die ich damit beschäftigt war, mir den Arsch aufzureißen – erst im College, dann beim Medizinstudium und später, als ich ZWEI KINDER großziehen musste, während ich GLEICHZEITIG arbeiten ging, um MEINE FAMILIE ZU ERNÄHREN und LEBEN ZU RETTEN –, hat das Universum beschossen, dass JEDES GERICHT irgendwas mit »Fusion« zu tun haben muss oder mit irgendwelchem anderen Zeug, von dem wir noch nie zuvor GEHÖRT haben?

Manchmal steht mir der Sinn einfach nach der klassischen, selbstgekochten Hausmannskost, die ich als Kind gegessen habe! (Auch wenn meine eigenen Kinder dann mit den Augen rollen und sich beschweren, dass wir dann »voll schlicht« rüberkommen.) Doch manchmal kann »schlicht« auch Aufmunterung und Beständigkeit bedeuten – wohingegen »besonders« zu sein hin und wieder heißt, einen KLON deiner Tochter anzufertigen, ihn ins All zu schießen und dann so zu tun, als WÄRE DAS ALLES NICHT PASSIERT!

STINKNORMALER BOHNENAUFLAUF

- **120 g Pancetta oder anderer Bauchspeck, fein gewürfelt**
- **280 g frische Pilze, gehackt**
- **1 EL Butter**
- **1 kleine gelbe Zwiebel, fein gewürfelt**
- **4 EL Butter**
- **40 g Mehl**
- **250 ml Vollmilch**
- **250 ml Gemüsefond**
- **450 g ganze grüne TK-Bohnen**
- **140 g Kräutercroutons, zerstoßen**

 **6 bis 8 Portionen**

 **Zubereitung: 30 Minuten**
Kochzeit: 45-60 Minuten

1. Den Backofen auf 190 °C vorheizen.
2. Den Pancetta in einer großen Pfanne knusprig anbraten (ca. 5 Minuten), dann mit einem Schaumlöffel herausnehmen und in eine große Schüssel geben. In derselben Pfanne 1 EL Butter schmelzen und die Pilze ringsum braun anbraten (ca. 5 bis 10 Minuten). Sind die Pilze gar, die Zwiebel hinzufügen und glasig schwitzen (nochmals 3 bis 5 Minuten). Anschließend zu dem Pancetta in die Schüssel geben und beiseitestellen.
3. In derselben Pfanne 4 EL Butter schmelzen, bis sie schäumt. Dann das Mehl hinzufügen und unter regelmäßigem Rühren anschwitzen, bis der typische Mehlgeruch verschwunden ist (ca. 2 bis 3 Minuten). Nun langsam unter stetem Rühren nach und nach die Milch dazugeben, um zu vermeiden, dass sich Klümpchen bilden. Sobald alle Milch eingearbeitet wurde, dies mit dem Gemüsefond wiederholen.
4. Die Soße in die Schüssel mit dem Gemüse und dem Pancetta gießen, die grünen TK-Bohnen hinzufügen und alles miteinander vermischen. In eine Auflaufform (ca. 22 x 33 cm) füllen, die Oberseite glätten und gleichmäßig mit den Croutons bestreuen. Mit Alufolie abdecken und 20 bis 25 Minuten im Ofen garen. Dann die Alufolie entfernen und weitere 10 bis 15 Minuten garen. Warm servieren und genießen!

BLOẞ MIT KÄSE ÜBERBACKENE KARTOFFELN

6 bis 8 Portionen  Zubereitung: 40 Minuten
Kochzeit: 50 Minuten

- 2 EL Butter
- 1 kg Kartoffeln, geschält und in ca. 6 mm dicke Scheiben geschnitten
- 1½ TL Salz zzgl. nach Belieben etwas mehr
- 1½ TL schwarzer Pfeffer zzgl. nach Belieben etwas mehr
- 350 g Cheddarkäse, gerieben
- 360 ml Vollmilch
- 250 g Kochsahne
- 1 Ei, geschlagen
- 4 Knoblauchzehen, fein gewürfelt

1. Den Backofen auf 190 °C vorheizen.
2. Die Kartoffeln vorsichtig der Länge nach in ca. 6 mm dicke Scheiben schneiden. Das kann man zwar durchaus mit einem Messer machen, aber das ist recht schwierig, daher solltet ihr lieber eine Mandoline verwenden. So werden die Kartoffelscheiben außerdem schön gleichmäßig.
3. Den Boden einer gläsernen Back- oder Auflaufform (ca. 22 x 33 cm) mit der Hälfte der Butter einfetten. Eine Schicht Kartoffelscheiben in die Form legen und mit jeweils ½ TL Salz und Pfeffer bestreuen. Mit 100 g des geriebenen Käses krönen. Auf dieselbe Weise eine zweite Kartoffel-/Käseschicht in die Form geben, dann mit den restlichen Kartoffeln noch eine dritte. Beiseitestellen.
4. In einem kleinen Topf bei niedriger Hitze die Milch, die Kochsahne, das Ei und den Knoblauch verquirlen. Zum Kochen bringen und sanft 1 bis 2 Minuten köcheln lassen. Das Ganze behutsam in die Auflaufform gießen und mit dem restlichen Käse bestreuen. Nach Belieben mit etwas Salz und Pfeffer würzen. Die übrige Butter in kleine Stücke schneiden und gleichmäßig auf den Kartoffeln verteilen. 45 bis 50 Minuten im Ofen backen, bis die Kartoffeln zwar gar, aber noch fest sind.

ALTERNATIVE REALITÄTSPIZZA

 6 bis 8 Portionen

 Zubereitung: 75 Minuten
Kochzeit: 45 Minuten

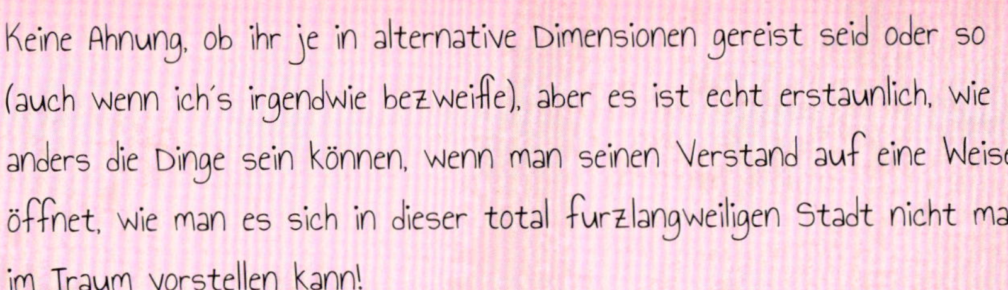

Keine Ahnung, ob ihr je in alternative Dimensionen gereist seid oder so (auch wenn ich's irgendwie bezweifle), aber es ist echt erstaunlich, wie anders die Dinge sein können, wenn man seinen Verstand auf eine Weise öffnet, wie man es sich in dieser total furzlangweiligen Stadt nicht mal im Traum vorstellen kann!

Es gibt da draußen Welten ohne Geschlechter oder Besitztum oder Spiegel (ein zweischneidiges Schwert) und andere mit Teesorten, mit denen man sein Bewusstsein in Freizeitparkfahrgeschäfte astralprojizieren kann, sodass man sich nicht in ellenlangen Schlangen anstellen muss (leider nicht in UNSERER Welt, was echt schade für euch ist). Es gibt Welten, da gab's noch nie Krieg, und eine, wo praktisch jeder in einem zwanzigjährigen Streit darüber draufgegangen ist, das alte Collegefootball-Maskottchen durch ein neues zu ersetzen. Gibt einem zu denken, oder?

Wie auch immer, zu reisen hat meinen Horizont echt erweitert, und mittlerweile mag ich meine Pizza am liebsten so, wie sie auf dieser anderen Welt gemacht wird.

800 g Pizzatomaten
400 g Tomatensoße
150 g Tomatenmark
1 TL getrocknetes Basilikum
½ TL getrockneter Oregano
1 TL Knoblauchpulver
½ TL zerstoßener roter Pfeffer

1 TL Salz
1 TL Balsamicoessig
Schwarzer Pfeffer, nach Belieben
450 g Pizzateig (fertig gekauft)
125 g Butter, geschmolzen
1 TL Knoblauchpulver

200 g geriebener Parmesankäse
230 g geriebener Mozzarella mit geringem Feuchtigkeitsgehalt
170 g Peperoni-Salami, in Scheiben

KÜCHENGERÄT

Gugelhupfform

1. In einem Topf bei mittlerer Hitze die Pizzatomaten, die Tomatensoße, das Tomatenmark, das Basilikum, den Oregano, das Knoblauchpulver und den zerstoßenen roten Pfeffer vermischen. Dann zum Kochen bringen und sanft köcheln lassen.
2. Das Salz und den Balsamicoessig dazugeben und nach Belieben mit schwarzem Pfeffer würzen. Bei niedriger Hitze 25 bis 30 Minuten unter regelmäßigem Rühren sanft köcheln lassen, um zu vermeiden, dass die Soße anbrennt oder überläuft. Anschließend vom Herd nehmen und mit der Zubereitung der Pizza beginnen.
3. Den Backofen auf 220 °C vorheizen.
4. In einer mikrowellengeeigneten Schüssel die Butter schmelzen und das Knoblauchpulver einrühren. Die Gugelhupfform mit einem Backpinsel oder einem Stück Küchenpapier mit etwas von dieser Mixtur einfetten.
5. Eine Schicht Peperoni-Salami auf den Boden der eingefetteten Gugelhupfform legen, dann die übrige Salami in schmale Streifen schneiden. (So kann man die Pizza später leichter auseinanderziehen). Die Salami mit 30 g geriebenem Mozzarella bestreuen und 50 g der vorbereiteten Pizzasoße darauf verteilen.
6. Kleine Stücke von dem fertigen Pizzateig abnehmen und auf einer mit Mehl bestreuten Arbeitsfläche zu Kugeln von ca. 4 bis 6 cm Ø formen. Jede Kugel ringsum mit der Knoblauchbutter bestreichen, dann in dem geriebenen Parmesan wenden und in einer einzelnen Schicht nahtlos in die Gugelhupfform legen.
7. Sobald die erste Schicht Teig in Position ist, weitere 50 g der Pizzasoße darauf verteilen, gefolgt von 30 g Käse. Darauf dann nach Belieben einen Teil der Salamistreifen verteilen. Diesen Vorgang mit den restlichen Zutaten wiederholen, bis alles aufgebraucht ist. Die Gugelhupfform mit Alufolie abdecken und 25 bis 30 Minuten im Ofen backen.
8. Sobald der Teig merklich aufgegangen ist, die Alufolie entfernen und die Oberseite ca. 5 bis 10 Minuten knusprig backen.
9. Aus dem Ofen nehmen und 10 bis 15 Minuten abkühlen lassen. Die Gugelhupfform dann vorsichtig auf einen großen Servierteller stürzen und das Gegarte herausnehmen. Mit der restlichen Pizzasoße als Dip servieren.

Hey, Mom!

Ich weiß, das klingt jetzt seltsam, aber ich hab soeben fast sechzig Jahre eines simulierten Lebens gelebt (als »Roy«), und ... es fühlte sich REAL an. Ich hab jedes Gefühl für die Zeit verloren – und für mich selbst.

Ich verbrachte meine Kindheit im Haus von jemand anderem und wurde schließlich zum Oberhaupt einer Familie, von der ich jetzt weiß, dass ich sie nie wirklich haben werde. Ich hab die Erfahrungen dieses Jemands gemacht. Seine Enttäuschungen und Niederlagen waren auch meine.

Als es schließlich zu Ende ging, traf mich die schmerzhafte Erkenntnis, dass das Leben, das ich gerade geführt hatte, in Wahrheit NICHTS bedeutete. Und dann begann ich, mich zu sorgen, dass dasselbe vielleicht auch für »mein eigenes« Leben gilt – oder für unser aller Leben –, wenn Typen wie Rick mit ihren Annahmen über das Universum Recht haben ...

Darum war ich die letzten Tage ziemlich neben der Spur. Der Trick bei so was ist normalerweise, sich mit Dingen zu beschäftigen, die dafür sorgen, dass man sich besser fühlt: Hobbys, Lieblingsmusik, Leibspeisen ... Das hab ich auch versucht. Doch dann wurde mir klar, dass ich mich mit dem Kram ablenke, bei dem ROY sich besser fühlte. Ich bin aber NICHT Roy. Und das brachte mich dann völlig aus dem Konzept.

Ich versuche, mich daran zu erinnern, wer MORTY ist, und wieder eine Verbindung zu all den Dingen in MEINEM Leben herzustellen, die mir wichtig sind. Und das bringt mich zu dem hier.

DAS HIER ist die Ausnahme! Dein Hackbraten sieht einfach scheiße aus. Der von Roys Mom ist viel besser. Und zum Glück hab ich den virtuell oft genug zubereitet, dass ich das Rezept auswendig kann. Bitte, verbrenn dein altes Rezept und verwende künftig stattdessen dieses.

Dein Sohn (jedenfalls glaube ich das. Es sei denn, dieses Universum ist auch eine Simulation! Haha!)

Morty

ROYS HACKBRATEN

 6 bis 8 Portionen

 Zubereitung: 45 Minuten
Kochzeit: 45 Minuten

FÜR DEN HACKBRATEN:

1 EL Pflanzenöl

1 gelbe Zwiebel, fein gewürfelt

3 Karotten, fein gewürfelt

2 Selleriestangen, fein gewürfelt

½ TL getrockneter Oregano

500 g Rinderhack

500 g Putenhack

80 g Paniermehl

2 EL Worcestershiresoße

½ TL Knoblauchpulver

1 Ei

FÜR DIE HACKBRATEN-GLASUR:

150 g Ketchup

1 EL Worcestershiresoße

2 EL Dijon-Senf

1 EL Apfelessig

1 EL dunkler Zuckerrübensirup

1. In einer großen Bratpfanne das Öl erwärmen. Die Zwiebel, die Karotten, den Sellerie und den getrockneten Oregano anschwitzen, bis die Zwiebel glasig ist. Dann vom Herd nehmen und bei Zimmertemperatur abkühlen lassen.
2. Den Backofen auf 190 °C vorheizen.
3. Während das Gemüse abkühlt, in einer großen Schüssel das Rinderhack, das Putenhack, das Paniermehl, die Worcestershiresoße, das Knoblauchpulver und das Ei vermischen. Das abgekühlte Gemüse dazugeben und mit den Händen zu einem geschmeidigen Ganzen vermengen. Den Hackbraten in eine gläserne Back- oder Auflaufform geben (ca. 22 x 33 cm) und zu einem gleichmäßigen Rechteck formen. Beiseitestellen und die Glasur zubereiten.
4. Hierzu in einer Schüssel alle Zutaten für die Glasur vermischen und sorgsam verquirlen. Etwa die Hälfte der Glasur über den Hackbraten gießen und dann mit einem Backpinsel gleichmäßig von allen Seiten bestreichen. Die restliche Glasur in einen kleinen Topf geben und bei niedriger Hitze ca. 3 bis 5 Minuten sanft köcheln lassen. Später zusammen mit dem fertigen Hackbraten servieren.
5. Ca. 30 bis 45 Minuten im Ofen garen, bis die Kerntemperatur 74 °C erreicht. Aus dem Ofen nehmen und 5 Minuten abkühlen lassen. Schließlich mit zusätzlicher Glasur bestrichen servieren.

NEEDFUL THINGS

SUMMER! Meine vertrauensvolle Angestellte … und doch mit so wenig Vertrauen. Ich habe etwas für dich … Etwas, von dem ich weiß, dass du dich schon lange danach sehnst: so viel Essen von der Speisekarte des WHOLESOME DELIGHTS, wie du willst!

Natürlich hattest du zweifellos gehofft, ich würde dir zu deinen Schichten regelmäßig vegane Schlemmereien liefern lassen. Oder dass du vielleicht bei einem Wettbewerb »lebenslange freie Mahlzeiten« gewinnst. Aber als ich mich mit dem »Franchisenehmer« »Doug« zu einigen versuchte und von ihm wissen wollte, was er sich am meisten wünscht, rechnete ich mit allem, bloß nicht mit der Antwort, die er mir auf meine Frage gab …

GELD.

Bedauerlicherweise basiert mein Geschäft jedoch auf einem Bezahlsystem aus tragischen Ironien und moralischer Verderbnis, weshalb ich momentan finanziell ein bisschen schwach auf der Brust bin. (Scheint, als bliebe nicht einmal ICH von tragischer Ironie verschont!) Doch glücklicherweise besann ich mich schließlich darauf, dass ich ja im wahrsten Sinne des Wortes der Teufel bin – und brachte den Besitzer einfach dazu, seinen Laden in Brand zu stecken, um die Versicherungssumme zu kassieren.

Allerdings erst, nachdem ich mich mit einigen seiner Spezialrezepte verdünnisiert hatte! Diese Rezepte überlasse ich dir hiermit als Zeichen meiner Wertschätzung. (Die Ironie dabei, dass dir deine Arbeit statt köstlicher, gesunder, veganer Leckereien ein Geschenk einbringt, das dir NOCH MEHR Arbeit aufhalst, weil du diese Gerichte ja selbst zubereiten musst, ist mir nicht entgangen. Aber das ist echt nicht als Fluch gemeint! Das Ganze ist bloß eine dieser Demütigungen des Lebens in einer unvollkommenen Welt, die mich einst dazu brachten, gegen Gott und Seine gleichgültige Geringschätzung gegenüber der öden Schöpfung zu rebellieren, die auf Sein Konto geht.)

Bon Appétit!

KOHLSALAT

6 BIS 8 PORTIONEN

ZUBEREITUNG: 30-35 MINUTEN
KOCHZEIT: 5-10 MINUTEN

FÜR DIE KICHERERBSEN:

400 g Kichererbsen (aus der Dose)

1 EL Olivenöl

½ TL Salz

½ TL Currypulver

FÜR DAS DRESSING:

60 ml Reisessig

60 ml Olivenöl

2 EL Dijon-Senf

2 EL Rohrzucker

2 bis 3 Knoblauchzehen, fein gewürfelt

FÜR DEN SALAT:

1 Bund Palmkohl

1 EL Olivenöl

1 TL Salz

1 Salatgurke, geschält und entkernt

250 g Maiskörner

220 g Kirschtomaten, halbiert

1 rote Paprika, in Streifen geschnitten

4 Frühlingszwiebeln, in dünne Ringe geschnitten

Vorbereitete Kichererbsen

Vorbereitetes Dressing

1. Den Backofen auf 205 °C vorheizen.
2. Die Kichererbsen abgießen und mit Küchenpapier trocken tupfen. (Die Flüssigkeit aus der Dose, Aquafaba genannt, könnt ihr z. B. für die Zubereitung des Riggity Ranch-Dressings auf S. 35 verwenden.) Die Kichererbsen auf einem Backblech verteilen und so mit dem Olivenöl, dem Currypulver und dem Salz vermischen, dass sie ringsum damit überzogen sind. Ca. 5 bis 10 Minuten im Backofen knusprig rösten. Herausnehmen und zum Abkühlen beiseitestellen.
3. Während die Kichererbsen abkühlen, alle Zutaten für das Dressing in ein verschließbares Behältnis geben. (Am besten in ein Einweckglas.) Schütteln, bis das Dressing gut vermischt ist (30 bis 60 Sekunden), dann beiseitestellen. Vor dem Verwenden nochmals kräftig durchschütteln.
4. Die Kohlblätter vom Strunk entfernen, indem ihr das Ende des Strucks mit einer Hand festhaltet und jedes Blatt unmittelbar über der Basis mit den Fingerspitzen packt, um das Blatt dann am Strunk entlang nach unten zu ziehen, bis es schließlich abreißt. Die Blätter in Streifen schneiden und zusammen mit dem Olivenöl und dem Salz in eine Schüssel geben. Das Öl und das Salz in den Kohl einmassieren und dann für mindestens 10 Minuten ruhen lassen.
5. Die Salatgurke, den Mais, die Tomaten, die Paprika, die Frühlingszwiebeln und die Kichererbsen in die Schüssel mit dem Kohl geben und alles gut vermischen. Mit der gewünschten Menge Dressing beträufeln, gründlich durcheinanderwerfen und genießen.

EICHELKÜRBISSUPPE

6 BIS 8
PORTIONEN

ZUBEREITUNG: 45 MINUTEN
KOCHZEIT: 1 STUNDE

FÜR DIE SUPPE:

2 bis 3 Eichelkürbisse, halbiert und entsamt

½ EL Olivenöl (auf den Kürbissen verteilen)

1 TL Salz (auf den Kürbissen verteilen)

1 EL Butter

1 EL Olivenöl

1 Schalotte, fein gehackt

120 ml Gemüsefond

1 Zweig Rosmarin

80 ml Weißwein

FÜR DIE GARNITUR:

70 g rohe Kürbiskerne

1 EL ungesalzene Butter

¼ TL Salz

¼ TL Paprikapulver

1. Den Backofen auf 230 °C vorheizen.
2. Die Kürbisse mit der Schale nach unten auf ein Backblech legen und mit Olivenöl und Salz überziehen. 30 bis 35 Minuten im Ofen garen, bis das Kürbisfleisch gar ist und sich mit einer Gabel mühelos einstechen lässt.
3. Während der Kürbis gart, in einer Pfanne die Butter schmelzen und die Kürbiskerne ca. 3 bis 5 Minuten darin rösten. Sobald die Kürbiskerne fertig sind, in eine Schüssel geben und mit dem Salz und dem Paprikapulver für die Suppengarnitur durcheinanderwerfen.
4. Sind die Kürbisse gar, aus dem Ofen nehmen und vollständig abkühlen lassen; erst dann das Fruchtfleisch mit einem Löffel in eine Schüssel geben. Die Schale entsorgen.
5. In einem großen Topf bei mittlerer Hitze die Butter und das Olivenöl erwärmen. Sobald die Butter schäumt, die Schalotte glasig schwitzen. Das Kürbisfleisch dazugeben und den Topf vom Herd nehmen. Mit einem Pürierstab (oder nach und nach, in mehreren Schüben, in einem Standmixer) den Gemüsefond einarbeiten.
6. Nach dem Pürieren bei mittlerer Hitze zurück auf den Herd geben. (Falls ihr einen Standmixer verwendet, erst alles zurück in den Topf geben und dann wieder auf den Herd stellen.) Den Weißwein und den Rosmarin hinzufügen. 10 bis 15 Minuten köcheln lassen, bis sich der Alkoholgeruch verflüchtigt hat.
7. Mit den gerösteten Kürbiskernen bestreuen und servieren.

MINESTRONE

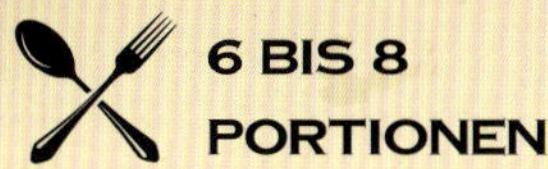

6 BIS 8
PORTIONEN

ZUBEREITUNG: 45 MINUTEN
KOCHZEIT: 45 MINUTEN

450 g Salatmakkaroni

2 EL Pflanzenöl

1 große gelbe Zwiebel, fein gewürfelt

2 Karotten, in dünne Scheiben geschnitten

3 Selleriestangen, in dünne Ringe geschnitten

3 Knoblauchzehen, fein gehackt

1 TL getrocknete Thymianblätter

¼ TL getrocknete Rosmarinnadeln

1 TL Salz zzgl. mehr zum Kochen der Nudeln

150 g Tomatenmark

800 g Pizzatomaten

4 Kartoffeln (festkochend), geschält und fein gewürfelt

2 Zucchinis, entkernt und fein gewürfelt

280 g grüne Bohnen, in kleine Stücke geschnitten

1 Lorbeerblatt

2 l Gemüsefond

1. In einem großen Topf kräftig gesalzenes Wasser zum Kochen bringen. Die Nudeln hineingeben und gemäß Packungsanleitung garen (meist 5 bis 10 Minuten). Abgießen und beiseitestellen.
2. In einem großen Suppentopf bei mittlerer Hitze das Öl erwärmen und die Zwiebel, den Sellerie, die Karotten, den Knoblauch, den Thymian und den Rosmarin 3 bis 5 Minuten anschwitzen bzw. so lange, bis die Zwiebel glasig ist. Dann das Tomatenmark einrühren und weitere 3 Minuten anschwitzen. Die Pizzatomaten dazugeben und unter gelegentlichem Rühren 10 Minuten köcheln lassen.
3. Die Kartoffeln, die Zucchinis und die grünen Bohnen hinzufügen. Das Lorbeerblatt dazugeben und mit dem Gemüsefond aufgießen. Alles gründlich verrühren und 20 bis 25 Minuten köcheln lassen. Die fertig gekochten Nudeln dazugeben und unterrühren.
4. Nach Belieben mit Salz und Pfeffer würzen und genießen.

GRILLTOMATENPASTA

6 BIS 8 PORTIONEN

ZUBEREITUNG: 35 MINUTEN
KOCHZEIT: 35-40 MINUTEN

450 g Kirschtomaten, halbiert

60 ml Olivenöl

1 TL Salz

Schwarzer Pfeffer, nach Belieben

40 g Walnüsse, geröstet

50 g geriebener Parmesan zzgl. etwas mehr als Garnitur

3 Knoblauchzehen

120 g frische Basilikumblätter

120 ml Olivenöl

½ TL Balsamicoessig

60 ml Nudelwasser für das Pesto

450 g Linguine (oder andere breite Nudeln)

1. Den Backofen auf 175 °C vorheizen.
2. Auf einem Backblech die Tomatenhälften mit dem Öl, dem Salz und dem Pfeffer vermischen. Ca. 20 bis 25 Minuten im Ofen garen, bis die Tomaten schön weich sind und sich hier und da braune Flecken bilden. Dann herausnehmen und zum Abkühlen beiseitestellen.
3. In einer Küchenmaschine die Walnüsse und den Knoblauch vermischen und 1 bis 2 Minuten durcharbeiten bzw. so lange, bis das Ganze an feuchten Sand erinnert. Den Parmesankäse hinzufügen und kurz durcharbeiten. Jetzt nach und nach, immer eine Handvoll zurzeit, das Basilikum dazugeben und jeweils sorgsam durcharbeiten, bevor ihr den nächsten Schwung hinzufügt.
4. Damit das Pesto dickflüssiger wird, langsam das Olivenöl einfließen lassen, während die Küchenmaschine konstant läuft. (Achtung: Damit das richtig funktioniert, solltet ihr das mit dem »langsamen« Zugeben des Öls echt ernst nehmen!) Habt ihr schließlich das gesamte Olivenöl eingearbeitet, den Balsamicoessig dazugießen, noch ein letztes Mal durcharbeiten und dann beiseitestellen, während ihr die Nudeln kocht.
5. Gemäß Packungsanleitung in einem großen Topf die Nudeln kochen, abgießen (dabei ca. 60 ml Pastawasser auffangen!), den Topf vom Herd nehmen und die Nudeln wieder hineingeben. Das Pesto aus der Küchenmaschine zusammen mit dem Nudelwasser zu der Pasta geben und alles sorgsam miteinander verrühren. (Das Nudelwasser sorgt dafür, dass das Pesto besser an der Pasta haften bleibt.)
6. Die gegarten Tomaten dazugeben und durchmischen.
7. Die Pesto-Nudeln und die Tomaten auf tiefe Teller verteilen, jeweils grob vermischen und mit Parmesankäse bestreut servieren.

HAFTUNGSAUSSCHLUSS ODER SOWAS IN DER ART!

Ja, diese Rezepte kommen von einem Kerl, der möglicherweise der Teufel sein könnte. Jedenfalls hat er eine gewisse Ähnlichkeit mit dem, was sich Wissenschaft oder Kosmologie unter seinesgleichen vorstellen. Wie auch immer, der Punkt ist: DIE ZUBEREITUNG DIESER LETZTEN PAAR REZEPTE ERFOLGT AUF EIGENES RISIKO! Gut möglich, dass da irgendwelche geheimen ironischen Flüche drinstecken. Ich kann's nicht sagen, denn bislang hab ich noch nicht versucht, irgendwas davon zu kochen.

Nicht so sehr wegen der Flüche. Sondern vor allem, weil das Ganze echt nach 'ner Menge Arbeit aussieht!

Betreff: Funktioniert dein E-Mail-Account? (Haha)

Hi, Sohn.

Scheint, als wärst du immer noch nicht gewillt, auf meine E-Mails zu antworten. Habt ihr Kids heutzutage mit E-Mails nichts mehr am Hut? Ist dein alter Herr nicht mehr »hipp« genug, weil er die gute, alte elektronische Post bemüht, um mir dir in Kontakt zu bleiben?

Tja, ich bin sicher, sobald du deinen guten, alten Dad vermisst, loggst du dich in deinen alten Account ein und nimmst dir all die väterlichen Ratschläge zu Herzen, die du als Kind vielleicht als selbstverständlich ansiehst. (Denn ich werd nicht immer DA sein, weißt du?)

Also, da ich vermutlich mit dem ZUKÜNFTIGEN Morty rede, dachte ich mir, vielleicht fange ich einfach damit an, dir ein paar »Erwachsenentipps« zu geben. Zu deinem Glück habe ich mich gerade für einen Volkshochschulkurs eingeschrieben – im Kochen! (Ich dachte, da lerne ich vielleicht ein paar freizügige junge Singles kennen – aber leider sind alle anderen in dem Kurs verbitterte, alte Loser. GESICHTSPALME, richtig?)

Wie auch immer, hier jetzt ohne weiteres Tamtam mein bisheriges Lieblingsrezept – TOPFPASTETE! Eine köstliche Alles-in-einer-Mahlzeit von einem Typen, der EBENFALLS »alles in einem« zu bieten hat! (Und ein echtes »Leckerchen« ist, wie die Kids heutzutage sagen.)

Und ich werd dich auch weiterhin mit meinen Ratschlägen versorgen! Unser nächstes Thema: Wie man Geld spart, indem man keine Volkshochschulkurse mehr besucht!

JERRYS TOPFPASTETE

 **6 Topfpasteten**

 **Zubereitung: 1 Stunde, 10 Minuten**
Kochzeit: 45 Minuten

ZUTATEN! :-)

FÜR DIE BISCUITS:

250 g Mehl (ca. 60 g davon zum Bemehlen der Arbeitsfläche und der Hände)

2 EL Buttermilchpulver

1¼ TL Backpulver

1 TL Salz

¾ TL Zucker

⅛ TL Backnatron

60 g kalte Butter, in kleine Stücke geschnitten

1 EL Butter, geschmolzen

120 ml kaltes Wasser

FÜR DIE PASTETENFÜLLUNG:

1 EL Pflanzenöl

3 Karotten, in dünne Scheiben geschnitten

3 Selleriestangen, in dünne Ringe geschnitten

1 mittelgroße gelbe Zwiebel, fein gewürfelt

220 g Pilze, fein gewürfelt

750 g Hühnerkeulen, ohne Haut und Knochen, in ca. 3 cm große Würfel geschnitten

½ TL Salz

Schwarzer Pfeffer, nach Belieben

1 TL frischer Rosmarin, fein gehackt

2 EL Dijon-Senf

150 g TK-Erbsen

30 g Mehl

250 ml Gemüsefond

DIE BISCUITS ZUBEREITEN:

1. Den Backofen auf 205 °C vorheizen.
2. Das Mehl, das Buttermilchpulver, das Backpulver, das Salz, den Zucker und das Backnatron in eine große Schüssel geben und gründlich vermischen.
3. Die gekühlten Butterstücke hinzufügen. Mit einem Teigmischer durcharbeiten, bis die Butterstücke bloß noch erbsengroß sind. Langsam das kalte Wasser dazugießen und mit einer Gabel durchmischen, bis sich ein klebriger Teig bildet. Den Teig auf einer sauberen Arbeitsfläche ausbringen und zu einem Quadrat von ca. 3 cm Dicke formen.
4. Den Teig mit einem Messer in vier gleich große Quadrate schneiden und aufeinanderstapeln. Diesen Stapel zu einem Rechteck von ca. 3 cm Dicke ausrollen.
5. Mit einem runden Keksausstecher sechs Biscuits aus dem Teig ausstechen, auf ein mit Backpapier ausgelegtes Backblech legen und für 10 bis 15 Minuten im Kühlschrank kaltstellen.
6. **HINWEIS:** Man kann die Biscuits unabgedeckt einfrieren, bis sie fest sind, und dann in einem Gefrierbeutel oder einem entsprechenden Behältnis lagern. So sind sie bis zu 1 Monat haltbar. Vor dem Backen nicht auftauen!

DIE FÜLLUNG ZUBEREITEN:

7. In einem Schmortopf bei mittlerer Hitze das Pflanzenöl erwärmen. Sobald das Öl heiß ist, die Karotten, den Sellerie und die Zwiebel hineingeben und ca. 3 bis 5 Minuten anschwitzen bzw. so lange, bis die Zwiebel glasig ist. Dann aus dem Topf nehmen und beiseitestellen. Soll diese Topfpastete vegetarisch sein, jetzt die Pilze und das restliche Gemüse hinzufügen und das Hühnchen weglassen. Die übrigen Zubereitungsschritte bleiben dieselben.
8. Das Hühnchen in den Schmortopf geben und mit Salz und Pfeffer würzen. Ringsum ca. 5 bis 7 Minuten scharf anbraten. Anschließend eine Vertiefung in der Topfmitte formen, den Dijon-Senf und den Rosmarin hineingeben und weitere 3 bis 5 Minuten garen. Die Erbsen und das gegarte Gemüse hinzufügen und alles vermischen.
9. Die Füllung mit Mehl bestreuen und 1 bis 2 Minuten alles miteinander verrühren. Dann langsam, nach und nach, den Gemüsefond dazugeben und weitere 1 bis 2 Minuten rühren, bis keine Mehlklümpchen mehr übrig sind.
10. Die Füllung gleichmäßig auf sechs hitzebeständige Schüsseln verteilen, jeweils mit einem Biscuit krönen und mit Butter bestreichen.
11. 20 bis 25 Minuten goldbraun backen.

Betreff: REZEPT FÜR PERFEKTE GRILLKÄSE-SANDWICHES

HEY, JERRY, hier ist JERRY! Hiermit will ich bloß sicherstellen, dass dein Erfolg für alle Zeiten bestehen bleibt, du GLORIOUS Basterd! (Nimm DAS, Quentin Tarantino!) Nachdem du das millionste Mal deine Zeit damit vertrödelt hast, dir ein ordentliches Grillkäse-Sandwich zuzubereiten, WAR´S AM ENDE BESSER ALS SEX!

(Für den Fall, dass jemand anderes mir meine E-Mails vorliest: Der Sex, den ich habe, ist großartig, besten Dank auch – und jetzt RAUS AUS MEINEM E-MAIL-ACCOUNT!)

Ausnahmsweise waren Ricks verrückte Erfindungen mal zu was zu gebrauchen, denn der Butter-Roboter hat das ganze Experiment aufgezeichnet! Darum hier also eine Rekonstruktion oder ein Transkript oder was immer das hier ist, für künftige Replikationen/potenzielle Kochwettbewerbsbeiträge?!? WER IST JETZT DER GROSSE ERFINDER??!

JERRYS GRILLKÄSE-SANDWICH

 **1 Sandwich**

 **Zubereitung: 15 Minuten**
Kochzeit: 10 Minuten

ZUTATEN! :-)

2 Scheiben Sauerteigbrot

½ EL Butter

2 Scheiben pikanter Käse

2 bis 3 Scheiben Schwarzwälder Schinken

220 g Asiago-Käse, gerieben

1 große Strauchtomate, in dünne Scheiben geschnitten

WIE MAN'S MACHT :-o

1. Die Brotscheiben auf einer Seite leicht mit Butter bestreichen, dann jeweils behutsam 1 EL geriebenen Käse auf jeder Butterscheibe verteilen und behutsam andrücken.
2. Eine der Brotscheiben mit der Käse-Butter-Seite nach unten bei mittlerer Hitze in eine Pfanne geben.
3. Ca. 1 bis 3 Minuten anbraten, bis der geschmolzene Käse in das Brot eingezogen ist und die Brotscheibe langsam braun wird.
4. Eine Scheibe pikanten Käse auf die andere Brotscheibe legen, gefolgt von den Tomatenscheiben, dem Schinken, einer weiteren Käsescheibe und schließlich der anderen, angebratenen Brotscheibe (mit der Butterseite nach oben).
5. Das Sandwich wenden und ca. 1 bis 3 Minuten in der Pfanne anbraten, bis der Käse auf der Unterseite knusprig und der pikante Käse im Innern geschmolzen ist.
6. Auf einen Teller geben, in Dreiecke schneiden und warm servieren.

Betreff: Der Mann im Haus

Ich gebe bereitwillig zu, dass ich eher »Vater« und »Ehemann« und »Student des Lebens« bin als »Koch«. Trotzdem liebe ich es, eine schöne, saubere Schürze überzustreifen und mich um die drei Dinge zu kümmern, mit denen ich mich richtig gut auskenne: um den Grill, um den Thanksgiving-Truthahn und um den Weihnachtsschinkenbraten!

Dummerweise »modifiziert« mein Schwiegervater den Grill ständig so, dass er sich abschaltet, sobald er mein Gesicht erkennt, und wegen Ricks sonderbarer Beziehung zum Präsidenten gelten alle Versuche, bei uns zuhause an Thanksgiving Truthahn auf den Tisch zu bringen, als Terrorverschwörung.

Damit bleibt bloß noch der Schinkenbraten. Aber glücklicherweise stecken in diesem Rezept 100% Jerry Smith, und meine Familie liebt es!

JERRYS WEIHNACHTSSCHINKENGLASUR

 **Glasur für 1 Schinkenbraten**

 **Zubereitung: 5-10 Minuten**
Kochzeit: 10 Minuten

ZUTATEN! :-)

NEE. Sorry, Jer. Ich hab dein Rezept gekapert. 100 g von Mr. Beauregards Gedächtnismarmelade. Erinnerst du dich noch an Mr. Beauregard? Er war FAKE und hat trotzdem besser gekocht als du!

100 g von Mr. Beauregards Gedächtnismarmelade (siehe S. 48)
60 ml frischer Orangensaft
¼ TL Piment
¼ TL Fünf-Gewürze-Pulver

OPTIONAL
2 EL Bourbon. Okay, die könnt ihr auch weglassen. Ich persönlich würde eher noch mehr dazugeben. Aber ich pass mich euch hier einfach mal an.

WIE MAN'S MACHT :-D

1. In einem kleinen Topf bei mittlerer Hitze behutsam die Marmelade, den Orangensaft, den Piment und das Fünf-Gewürze-Pulver vermischen und 5 bis 10 Minuten sanft köcheln lassen bzw. so lange, bis die Glasur merklich eingedickt ist. Bis zur Verwendung beiseitestellen. Euren Schinkenbraten in den letzten 20 Garminuten großzügig damit bestreichen.

Während ihr wartet, könnt ihr den Rest des Bourbons auch einfach runterkippen. Solltet ihr ohnmächtig werden, weckt euch bestimmt der Timer am Herd, den ihr euch gestellt habt. Oder der Rauchalarm!

CHILI DOGS FÜR COURAGIERTE

 6 Chili Dogs

 **Zubereitung: 30-35 Minuten**
Kochzeit: 75 Minuten oder mehr

ZUTATEN! :-)

FÜR DAS CHILI:

500 g Rinderhack

1 gelbe Zwiebel, fein gewürfelt

40 g fein gewürfelte grüne Chilischoten

2 Serrano-Chilis, entsamt

3 Knoblauchzehen, zerstoßen oder fein gehackt

170 g Tomatenmark

1 TL Chilipulver

1 TL gemahlener Kumin

¼ TL weißer Pfeffer

250 ml Leichtbier

425 g Pizzatomaten

800 g Tomatensoße

425 g rote Kidneybohnen

2 EL Apfelessig

FÜR DIE CHILI DOGS:

6 Hotdog-Brötchen, getoastet

6 Hotdog-Würstchen, nach Wahl

Vorbereitetes Chili

½ rote Zwiebel, fein gewürfelt, als Garnitur

120 g geriebener Cheddarkäse als Garnitur

WIE MAN'S MACHT :-o

1. In einem großen Topf bei mittlerer Hitze das Rinderhack anbraten und zerkrümeln (ca. 3 bis 5 Minuten). Die fein gewürfelte Zwiebel, die grüne Chili, die Serrano-Chilis und den Knoblauch hinzufügen und 2 bis 3 Minuten anschwitzen, bis die Zwiebel glasig ist. Das Tomatenmark, das Chilipulver, den gemahlenen Kumin und den weißen Pfeffer dazugeben und unter regelmäßigem Rühren weitere 5 Minuten garen.
2. Mit dem Leichtbier ablöschen und 7 bis 10 Minuten köcheln lassen bzw. so lange, bis das Ganze um die Hälfte einreduziert ist. Dann die Pizzatomaten, die Tomatensoße, die Bohnen und den Essig hinzufügen, alles gut miteinander vermischen und bei mittlerer Hitze unter gelegentlichem Rühren mindestens 1 Stunde köcheln lassen; dabei darauf achten, dass nichts anbrennt. Das Chili ist jetzt eigentlich fertig. Falls ihr euer Chili lieber noch dunkler und kräftiger mögt, lasst es einfach länger köcheln, bis Geschmack und Farbe eurer Vorstellung entsprechen.

DIE CHILI DOGS ZUBEREITEN:

3. Die Würstchen mit eurer bevorzugten Methode erwärmen. Jeweils ein Würstchen in ein aufgeschnittenes, getoastetes Hotdog-Brötchen geben, mit ⅙ des vorbereiteten Chilis garnieren und nach Belieben mit geriebenem Käse und fein gewürfelter Zwiebel krönen. Zusammen mit einem Schwung Servietten servieren.

DESSERTS

OOOO-WEEE! Ich liebe köstliche kleine Leckereien. Ihr auch?

Ich bin Mr. Kakapopoloch. Erinnert ihr euch an mich?

Ich finde, wir haben es verdient, im Leben so viele Desserts wie möglich zu genießen! Schließlich laufen allzu viele Tage am Ende richtig scheiße, stimmt´s? Und eine Extraportion Süße könnte vielleicht verhindern, dass wir verbittern! Oooh-wee.

Wisst ihr noch, als Beth in der 2. Season auf mich geschossen hat? Als ich damals nach und nach wieder Laufen lernte, gab es Tage, da war mein Kopf so voller Zorn und Hoffnungslosigkeit, dass ich mich gefragt habe, ob ich womöglich besser dran gewesen wäre, zu verbluten. OOOO-WEE!

Doch wann immer mich eine der Pflegerinnen mit Pudding gefüttert hat, ließ dieser kleine Schoko-Kick mich fast vergessen, dass mein ganzes Dasein völlig aus den Fugen geraten war. Fast ...

Wie auch immer, ich wette, auf den nächsten Seiten findet ihr einige echt tolle Köstlichkeiten, die EUCH dabei helfen, zu vergessen, was in eurem Leben gerade schiefläuft. Habt ihr einen blöden Job, der euch krank macht, habt aber zu viel Angst vor der Ungewissheit, was passiert, wenn ihr kündigt? Seid ihr in einer toxischen Beziehung gefangen, die mit der Zeit zu etwas geworden ist, das ihr niemals wolltet? Vielleicht habt ihr auch einfach bloß das Gefühl, dass der Tod euch umkreist und man euch keine Sekunde mit euren Gedanken allein lassen kann, ohne dass ihr daran denkt, dass euch jeden Moment ewiges Vergessen ereilen könnte? Tja, wisst ihr, sich über sowas Sorgen zu machen, macht euer Leben nicht besser – sondern lähmt euch bloß mit Furcht und Bedauern! Oooooooo-weeee....

Klingt, als könntet ihr ein bisschen Dessert vertragen!

KALAXIANISCHE KRISTALLE

 2 bis 3 Gläser Zuckerkristalle  Zubereitung: 25 Minuten
Kochzeit: 15 Minuten

Verehrter ... ähm ... Lehrer von Morty. Ich weiß, Ihr »ehrwürdiger« BERUFSZWEIG verabscheut Zucker, weil Zucker es für Sie schwieriger macht, den Geist Ihrer Schüler mit Ihrem nutzlosen Gefasel vollzustopfen. Daher wollte ich die Gelegenheit nutzen, um Ihnen auf den Kopf zuzusagen: Schlucken Sie´s runter! Damit meine ich natürlich meine köstlichen K-LAX-Kristalle! Haha! Was dachten Sie denn?

250 ml Wasser

Holzspieße

600 g Zucker zzgl. 1 EL zum Überziehen der Spieße

Wäscheklammern

Einweckglas, ausgewaschen

3 bis 4 Tropfen rosa Lebensmittelfarbe (oder Farbe nach Wahl)

½ TL lebensmittelechtes ätherisches Öl (Aroma nach Wahl)

Kaffeefilter

Gummiband

1. Die Spieße in Wasser einweichen, dann in Kristallzucker wenden; dabei am unteren Ende der Spieße mindestens 5 cm Platz lassen, damit man das Ding festhalten kann. Beiseitestellen und vollständig trocknen lassen. Dies ist die Basis, damit die Kristalle anfangen zu wachsen.
2. Eine Wäscheklammer horizontal am freien Ende der Spieße befestigen. Die Spieße so in einen Becher stecken, dass die Wäscheklammer quer über der Becheröffnung liegt. Sollten die Spieße so lang sein, dass sie den Becherboden berühren, ein Stückchen kürzen; andernfalls kleben die Kristalle am Boden fest.
3. In einem mittelgroßen Topf bei mittlerer Hitze das Wasser zum Kochen bringen. Jeweils 100 g Zucker zurzeit hineingeben und rühren, bis sich der Zucker vollständig aufgelöst hat. Dann die nächsten 100 g Zucker hinzufügen und so weiter. Sobald sich der zugegebene Zucker nicht mehr auflöst, ist die Mixtur fertig. Nun die Lebensmittelfarbe hinzufügen, bis die gewünschte Färbung erreicht ist, und das ätherische Öl einrühren.
4. Die heiße Zuckerlösung vorsichtig in den Becher gießen, bis die Spieße vollends damit bedeckt sind. Mit dem Kaffeefilter abdecken und diesen mit einem Gummiband fixieren, um zu verhindern, dass Staub und Dreck an die Kristalle kommen oder irgendwelche Viecher sie euch mopsen. Vollständig abkühlen lassen und an einem kühlen, trockenen Ort ohne direkte Sonnenstrahlung lagern.
5. Es dauert ca. 7 Tage, bis sich die Kristalle gebildet haben. Falls sich an der Becheröffnung eine Kristallschicht absetzt, vorsichtig mit einem Löffel aufbrechen, bevor ihr eure eigentlichen Kristalle herausnehmt.
6. Die fertigen Kristalle in ein leeres Glas geben und komplett trocknen lassen. In Maßen genießen!

ROYS FESTTAGSTORTE

 8 bis 10 Portionen

 Zubereitung: 90 Minuten
Kochzeit: 45 Minuten

FÜR DIE TORTENBÖDEN:

400 g Mehl

2¼ TL Backpulver

¾ TL Backnatron

¼ TL Salz

250 g ungesalzene Butter

450 g Zucker

1 EL Vanilleextrakt

4 Eier

120 ml Milch

230 g griechischer Joghurt

FÜR DAS FROSTING:

2 EL Baiserpulver

80 ml Wasser

570 g gesiebter Puderzucker

150 g ungesalzene Butter, aufgeweicht, in EL-große Stücke geschnitten

¼ TL Salz

1 TL Vanilleextrakt

Rosa Lebensmittelfarbe

60 ml Milch

50 g getrocknete Ananasscheiben, gehackt, sowie noch etwas mehr als Garnitur

50 g Cocktailkirschen, gehackt, sowie noch etwas mehr als Garnitur

FRÖHLICHEN GEBURTS-/SCHLÜPF-/ENTSTEHUNGSTAG!

Ausgehend von unserer Auswertung all deiner Aktivitäten, Vorlieben und Ingame-Entscheidungen, die auf deinem Blips & Chitz-Spielpass* gespeichert sind, dachten wir, du willst dieses besondere Ereignis vielleicht mit einer genauso besonderen Spezialität zelebrieren: mit ROYS FESTTAGSTORTE!

Dieses Rezept stammt geradewegs aus der spektakulärsten Lebenssimulation des Universums und lässt dich den köstlichen Geschmack von ROYS FESTTAGSTORTE genauso wiedererleben, wie du ihn kennst, jeweils basierend auf deiner Lebensform und deiner planetaren Herkunft!

Und wenn du genug zuhause gefeiert hast, besuch eins unserer Blips & Chitz-Lokale, um gegen Vorlage dieser Karte ZWEI FREICREDITS zu erhalten!**

Von deinen Freunden*** bei Blips & Chitz

1. Den Boden von zwei Backformen (ca. 20 cm Ø) mit Backpapier auslegen.
2. In einer mittelgroßen Schüssel das Mehl, das Backpulver, das Backnatron und das Salz vermischen.
3. In der Schüssel eines Standmixers mit Rührpaddelaufsatz die Butter und den Zucker hell und fluffig aufschlagen. Eins nach dem anderen die Eier hinzufügen, einarbeiten und anschließend jedes Mal die Seiten der Schüssel abkratzen.
4. Die Vanille dazugeben.
5. Die Milch mit dem griechischen Joghurt vermengen.
6. In einer separaten Schüssel die Teigmischungen vermengen. Dabei mit ca. ⅓ der trockenen Mixtur beginnen, dann abwechselnd die Joghurtmischung und die trockene Mixtur hinzufügen, einarbeiten und nach jedem Zugeben die Seiten der Schüssel abkratzen.
7. Den Teig gleichmäßig auf die beiden Formen verteilen, die Oberseiten glätten und jeweils 30 bis 35 Minuten backen bzw. so lange, bis ein Zahnstocher, den man in die Mitte pikt, beim Herausziehen sauber bleibt. Die Tortenböden nach der Hälfte der Backzeit drehen.
8. Auf einem Drahtgitter 15 Minuten abkühlen lassen. Die Tortenböden mit einer Winkelpalette vorsichtig von den Rändern der Formen lösen, herausnehmen und auf einem Drahtgitter vollständig abkühlen lassen.

DAS FROSTING ZUBEREITEN:

9. In der Schüssel eines Standmixers mit Schneebesenaufsatz das Baiserpulver und das Wasser vermischen und auf hoher Stufe schlagen, bis sich Spitzen bilden. 380 g Puderzucker hinzufügen (jeweils 120 g zurzeit) und nach jedem Zugeben sorgsam durcharbeiten.
10. Abwechselnd die Butterstücke und den restlichen Zucker dazugeben, bis alles gut vermischt ist. Das Salz und das Vanilleextrakt hinzufügen und auf niedriger Stufe geschmeidig schlagen.
11. Wird das Frosting sofort verwendet, bei Zimmertemperatur ruhen lassen. Sonst in ein luftdicht verschließbares Behältnis geben; im Kühlschrank bis zu 1 Woche haltbar. Vor dem Verwenden Zimmertemperatur annehmen lassen.
12. 200 g von der Buttercreme abnehmen. Den Rest in einer Schüssel mit den gehackten Früchten vermischen.
13. Einen Tortenboden auf einen Tortenständer legen und gleichmäßig mit der Buttercreme-Obst-Mixtur bestreichen.
14. Den zweiten Tortenboden auf den ersten legen.
15. Die übrige Buttercreme nach und nach mit etwas Milch verdünnen, bis sie die Konsistenz von dünnflüssigem Teig besitzt.
16. Das Frosting über die Mitte der Torte gießen und mit einer Wickelpalette vorsichtig zu den Rändern hin verstreichen, bis die Buttercreme an den Seiten herunterzulaufen beginnt.
17. Das überschüssige Frosting für die spätere Verwendung im Kühlschrank lagern.
18. Mit halbierten Ananasscheiben und zwei Kirschen garnieren.

* Durch die Verwendung des Blitz & Chitz-Spielpasses willigst du ein, dass all deine Aktivitäten vor Ort und im Spiel gespeichert werden, um anhand dieser Daten ein detailliertes psychologisches Prädiktiv-Profil von dir zu erstellen und besagte Daten für jedwede Marketingmaßnahmen, illegale Experimente oder Nichtsahnender-Schläfer-Attentatstrainingszwecke zu verwenden.

** Das Angebot »Zwei Freicredits« erfordert anrechnungsberechtigte Einkäufe von mindestens 10.000 Credits zum Zeitpunkt des Einlösens.

*** Rein rechtlich sind Blitz & Chitz nicht deine Freunde.

ERDBEEREN AM KOLBEN

 8 bis 10 Portionen

 Zubereitung: 30 Minuten
Kochzeit: 45 Minuten

Wisst ihr, was Spaß macht? Mais direkt vom Kolben! Aber warum sollte das nur für Mais gelten?

Als meine Familie vor der Galaktischen Föderation floh und wir im Zuge dessen gezwungen waren, unser ganzes Leben, die Lebenserhaltungssysteme und den PLANETEN aufzugeben, während in einem fort das Risiko von Folter, Verstümmelung und Tod wie ein Damoklesschwert über unseren Köpfen schwebte (AAAAGGHH!!!!), stießen wir auf eine Welt, die eine Überraschung bereithielt, die meine Kinder wieder lächeln ließ: Erdbeeren am Kolben!

Allerdings gab's da auch noch alles Mögliche andere. Daher entwickelte sich unsere Entdeckung schnell zu einer Bedrohung, und wir liefen Gefahr, dass unsere Familie womöglich zu so einer Art grässlichem, Tausendfüßler-artigem Menschen am Stiel zusammengeschmolzen werden würde. (Um das klarzustellen: Bevor das passieren konnte, sind wir entkommen!)

ABER um zu verhindern, dass meine Kinder – dieser Köstlichkeit entrissen – in katastrophalen Depressionen versinken, ihr Leben und ihre Zukunft infrage stellen und zu hoffnungslosen Junkies werden, beschloss ich, meine EIGENE Version von »Erdbeeren am Kolben« zu machen, als besondere Aufmunterung, damit wir mit einem Lachen auf jene Ereignisse zurückblicken können.

Sie fingen allerdings bloß wieder an zu jammern und zu weinen. Mein Dad hat sie dann mit chemischem Feuer vernichtet. (Die dachten offenbar, wir hätten »invasive Flora« dabei.) Doch ich kann den Gedanken nicht ertragen, dass die ganze Mühe vergebens war.

ALSO BEREITET GEFÄLLIGST DIESES SELTSAME ZEUG ZU UND GENIESST ES, VERDAMMT!

- **60 g Mehl Type 550**
- **¼ TL Backnatron**
- **1 TL Backpulver**
- **150 g Kochsahne**
- **55 g Sauerrahm**
- **1 TL Vanillepaste oder -extrakt**
- **50 g gefriergetrocknete Erdbeeren, pulverisiert**
- **125 g Butter, bei Zimmertemperatur**
- **200 g Zucker**
- **2 Eier**

FÜR DAS FRISCHKÄSE-FROSTING:

- **220 g Frischkäse, aufgeweicht**
- **125 g Butter, aufgeweicht**
- **500 g Puderzucker**
- **Zeste von 1 Zitrone**
- **Saft von 1 Zitrone**
- **1 bis 2 Tropfen grüne Lebensmittelfarbe**

ALLES ZUSAMMENFÜGEN:

- **18 Cakepop-Stiele**
- **9 Grüner Apfel-Fruchtlederrollen**
- **60 g gefriergetrocknete Erdbeeren, in Scheiben**
- **550 g weiße Schokolade, grob gehackt**

1. Den Backofen auf 175 °C vorheizen.
2. In einer Schüssel das Mehl, das Backnatron und das Backpulver vermischen. In einer separaten Schüssel die Kochsahne, den Sauerrahm, die Vanille und die Hälfte der pulverisierten Erdbeeren vermengen und beiseitestellen, um die Erdbeeren rehydrieren zu lassen.
3. Die Butter in der Schüssel eines Standmixers hell und luftig aufschlagen. Langsam den Zucker hinzufügen und blass aufschlagen. Nacheinander die Eier dazugeben und nach der Zugabe jedes Eis durcharbeiten, bis alles gut vermischt ist.
4. Abwechselnd, in mehreren Schüben, die Mehl- und die Milch-Mixtur in die Schüssel geben und auf niedriger Stufe einarbeiten.
5. Eine Backform (ca. 22 x 33 cm) mit Butter einfetten und mit Mehl bestreuen. Den Teig hineinfüllen und 40 bis 45 Minuten backen bzw. so lange, bis ein Zahnstocher, den man in die Mitte pikt, beim Herausziehen sauber bleibt. Dann aus dem Ofen nehmen und mit einer Gabel Löcher in die Oberfläche piken. Abkühlen lassen.
6. In einer Schüssel den Frischkäse, die Butter und den Puderzucker aufschlagen. Den Zitronensaft und die Zeste hinzufügen und durcharbeiten, bis das Ganze glatt und geschmeidig ist. 200 g des Frostings abnehmen; den Rest in den Kühlschrank stellen.
7. Den Kuchen zerbröseln und in eine große Schüssel geben. Die restlichen pulverisierten Erdbeeren und die 200 g Frosting hinzufügen und mit einem Spatel oder einem Holzlöffel sorgsam einarbeiten. Für 10 Minuten in den Kühlschrank geben.
8. Jeweils ca. 50 g der Cakepop-Mischung auf ein mit Backpapier ausgelegtes Backblech geben. Den Teig jeweils in der Form eines Maiskolbens um jeden Spieß pressen. Dies mit der restlichen Mixtur wiederholen, um insgesamt ca. 18 Cakepops zu erhalten.
9. Mindestens 30 Minuten ins Gefrierfach geben, dann mit dem übrigen Frosting überziehen.
10. In einer hitzebeständigen Schüssel in 15-Sekunden-Intervallen die Schokolade in der Mikrowelle schmelzen. (Geht die Sache gemächlich an, um zu vermeiden, dass die Schokolade verbrennt!) Sobald die Schokolade zur Gänze geschmolzen ist, jeden Cakepop mit einer Schicht geschmolzener Schokolade überziehen und bei Zimmertemperatur fest werden lassen. Derweil das Fruchtleder entrollen und jeweils in sechs ungleichmäßige Dreiecke schneiden, um die »Blätter« für eure »Maiskolben« zu formen. Jeweils drei Fruchtlederstreifen am unteren Ende des Kolbens platzieren und am Spieß festdrücken; das »Blatt« dann in die gewünschte Form bringen. Nach Belieben mit den gefriergetrockneten Erdbeerscheiben dekorieren.
11. Die Cakepops weitere 5 bis 10 Minuten ins Gefrierfach geben, damit sie fest werden, und genießen!

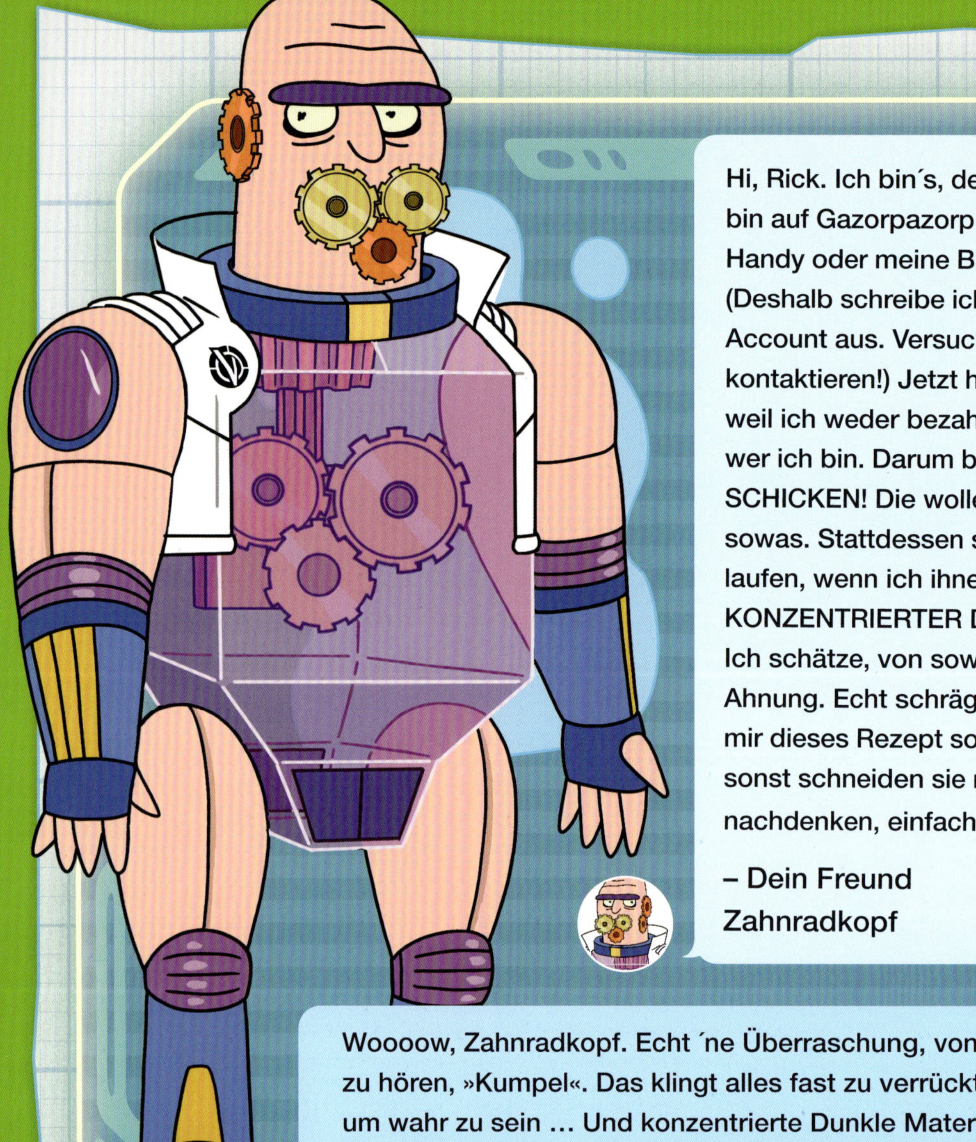

Hi, Rick. Ich bin´s, dein Freund Zahnradkopf. Ich bin auf Gazorpazorp gestrandet – ohne mein Handy oder meine Brieftasche oder irgendwas! (Deshalb schreibe ich dir auch von einem neuen Account aus. Versuch gar nicht erst, den alten zu kontaktieren!) Jetzt hält die Polizei mich hier fest, weil ich weder bezahlen noch beweisen kann, wer ich bin. Darum bitte ich dich, mir HILFE ZU SCHICKEN! Die wollen allerdings kein Geld oder sowas. Stattdessen sagen sie, sie lassen mich laufen, wenn ich ihnen ein Rezept für Brownies mit KONZENTRIERTER DUNKLER MATERIE besorge. Ich schätze, von sowas ernähren sie sich. Keine Ahnung. Echt schräg, oder? Haha! Bitte, schick mir dieses Rezept so schnell wie möglich her, sonst schneiden sie mir die Arme ab! Nicht nachdenken, einfach her damit!

– Dein Freund
Zahnradkopf

Woooow, Zahnradkopf. Echt ´ne Überraschung, von dir zu hören, »Kumpel«. Das klingt alles fast zu verrückt, um wahr zu sein … Und konzentrierte Dunkle Materie? Komisch, das ist auch der Treibstoff für beschleunigte Raumreisen. Was für ein, ähm … irrer Zufall. Außerdem kenne ich zufällig diese unglaublich dämlichen Aliens, die Zigerionianer, die wie Klabusterbeeren aussehen und mit ähnlich jämmerlichen, fadenscheinigen Nummern an dasselbe Zeug zu kommen versuchen. Aber das kann hier natürlich nicht sein, schließlich bist du mein »guter Freund« Zahnradkopf! Darum hier ein perfektes Brownie-Rezept, das konzentrierte Dunkle Materie enthält – und definitiv KEINE Zutaten, die die zigerionianische DNA dermaßen durcheinanderbringen, dass in ihren Eingeweiden ein Mini-Schwarzes Loch entsteht und sie von ihrem eigenen Arsch aufgesaugt werden. Das wird nicht passieren! Echt nicht!

Genieß deine Freiheit!
– »Dein« »Freund« »Rick«

DUNKLE MATERIE-BROWNIES

 20 bis 24 Brownies

 Zubereitung: 25 Minuten
Kochzeit: 30 Minuten

FÜR DEN BROWNIE-TEIG:

110 g ungesüßte Blockschokolade, gehackt
180 g Butter
300 g weißer Zucker
110 g Rohrzucker
2 Eier
1 Eigelb
1 TL Vanilleextrakt
130 g Mehl
170 g dunkle Schokoladenchips

FÜR DIE GANACHE-GARNITUR:

110 g Zartbitterschokolade, gehackt
2 EL Crème double
Grüne und rosa Streusel als Garnitur

1. Den Backofen auf 175 °C vorheizen.
2. In einer großen Glasschüssel die Butter und die gehackte Schokolade vermischen. Für 2 Minuten in die Mikrowelle geben, dann durchrühren, bis die Butter und die Schokolade geschmolzen und schön geschmeidig sind.
3. Den Zucker dazugeben und gründlich vermischen. Die Eier, das Eigelb und die Vanille hinzufügen und sorgsam einarbeiten. Das Mehl und die Schokoladenchips dazugeben und alles vermengen; dabei nicht vergessen, die Seiten und den Boden der Schüssel abzukratzen.
4. In eine mit Backpapier ausgelegte Kuchenform füllen und 30 bis 35 Minuten backen bzw. so lange, bis an einem Zahnstocher, den man in die Mitte pikt, beim Herausziehen saftig-weiche Krümel kleben. Dann aus dem Ofen nehmen und mit einer Gabel überall Löcher in die Oberfläche piken. Abkühlen lassen; währenddessen die Ganache-Garnitur zubereiten.
5. Hierzu in einer Glasschüssel die Schokoladenchips mit der Crème double vermischen. Für 1 Minute bei hoher Stufe in die Mikrowelle geben, dann herausnehmen und 1 Minute ungestört ruhen lassen; danach müsste die Schokolade vollständig geschmolzen sein. Zu einer glänzenden, geschmeidigen Masse verrühren.
6. Über die Brownies gießen und mit einer Winkelpalette in einer gleichmäßigen Schicht verstreichen.
7. Die Brownies sind fertig, sobald die Schokolade abgekühlt und fest geworden ist (ca. 20 bis 25 Minuten). Falls ihr diesen Vorgang beschleunigen wollt, einfach in den Kühlschrank stellen.
8. Sind die Brownies abgekühlt, mithilfe des Backpapiers aus der Form nehmen und auf einem Schneidebrett in Quadrate schneiden. Kann in einem luftdicht verschließbaren Behältnis bei Zimmertemperatur gelagert werden, ohne dass es dem Schokotopping etwas ausmacht.

BONUS: Rezept für Dunkle Materie!

2 Teile Plutonitquarks

1 Teil Zäsium

1 Flasche Wasser

RICKS SIMPLE WAFFELSCHNITTEN

12 bis 14 Waffeln

Zubereitung: mind. 4 Stunden, 30 Minuten
Kochzeit: 25 Minuten

FÜR DEN WAFFELTEIG:

250 g Butter, aufgeweicht

300 g Zucker

2 Eier

3 TL Vanille

400 g Mehl

2 TL Backpulver

2 EL Milch

1 bis 3 Tropfen rosa Lebensmittelfarbe

FÜR DIE WAFFELFÜLLUNG:

125 g ungesalzene Butter, aufgeweicht

230 g Puderzucker, gesiebt

1½ TL Vanilleextrakt

2 EL Milch

1 bis 2 Tropfen hellgrüne Lebensmittelfarbe

KÜCHENWERKZEUGE:

Waffeleisen

Eiswaffel-Waffeleisen

Mixer

1. Die Butter und den Zucker 3 bis 5 Minuten schlagen bzw. so lange, bis alles gut vermischt ist.
2. Jeweils ein Ei zurzeit hinzufügen und vor der Zugabe des nächsten Eis gründlich durcharbeiten. Sobald alle Eier verarbeitet wurden, die Vanille hinzufügen.
3. Das Mehl und das Backpulver in eine separate Schüssel sieben. Nach und nach, jeweils ca. ⅓ zurzeit, die Butter-Ei-Mischung hinzufügen und nach jedem Zugeben sorgsam einarbeiten. Sobald alles Mehl eingearbeitet wurde, die Milch und die Lebensmittelfarbe dazugeben.
4. Den Teig für mindestens 4 Stunden in den Kühlschrank geben, am besten über Nacht.

MIT EINEM WAFFELEISEN ZUBEREITEN:

5. Das geschlossene Waffeleisen auf den Herd stellen und auf mittlerer Stufe vorwärmen. Das Waffeleisen nach 5 bis 10 Minuten mit einem Stück Küchenpapier vorsichtig mit Butter einfetten und wieder schließen.
6. 1 EL Teig abnehmen, zu einer Kugel rollen und zwischen den Handflächen zu einer Scheibe formen. In die Mitte des Waffeleisens geben, das Waffeleisen schließen und nach Geräteanleitung die Waffel ausbacken. Schließlich behutsam aus dem Gerät nehmen und auf ein Schneidebrett legen.
7. Jede Waffel in Rechtecke schneiden. Zum Abkühlen auf ein Drahtgitter geben.

IM BACKOFEN ZUBEREITEN:

8. Den Backofen auf 205 °C vorheizen.
9. Den Waffelteig auf einer gut mit Mehl bestreuten Arbeitsfläche ca. 3 mm dick ausrollen bzw. so dünn wie möglich, ohne dass der Teig reißt. Dann mit einem Messer oder einem Keksausstecher in Rechtecke schneiden, die ungefähr so groß sind wie die fertig ausgebackenen Waffeln. Auf ein Backblech legen; dabei zwischen den Waffeln etwas Platz lassen, da sie sich beim Backen ausdehnen. Jeweils ca. 6 bis 8 Minuten backen, bis die Waffeln an den Rändern goldbraun sind.

DIE FÜLLUNG ZUBEREITEN:

10. Die Butter in einem Standmixer mit Rührpaddelaufsatz 2 bis 3 Minuten glatt und luftig aufschlagen. Nach und nach, jeweils ca. 60 g zurzeit, den Puderzucker hinzufügen und nach jedem Zugeben sorgsam durcharbeiten.
11. Die Milch und das Vanilleextrakt dazugeben und weitere 3 bis 5 Minuten schlagen, bis sich Spitzen bilden. Die Lebensmittelfarbe hinzufügen und 20 bis 30 Sekunden durcharbeiten.

DIE WAFFELN ZUSAMMENFÜGEN:

12. Zwei fertige Rechtecke nehmen und in einer gleichmäßigen Schicht großzügig mit der Füllung bestreichen. Aber Vorsicht: Die Waffeln sind sehr zerbrechlich! Jeweils mit einer zweiten Waffel krönen. Dies mit den restlichen Waffeln und der übrigen Füllung wiederholen.

In einer Küche, die einen fernen Stern umkreiste, gab es einen Rick, der lieber mit Zucker und Vanille experimentierte als mit Plutonium und Strontium-90.

Eines Tages entdeckte dieser Rick ein Rezept für ein kleines Stück vom Glück – für eine superleichte Waffelschnitte, randvoll mit der Zuneigung und Liebe seiner kleinen Tochter.

Jetzt, wo die Sonne für die Zitadelle der Ricks scheint und Rick hier dieses Geschäft aus dem Boden gestampft hat, kann dieses einmalige Rezept Ihnen gehören!

Erleben Sie den unglaublichen Geschmack emotionaler Befriedigung. Erleben Sie SIMPLE RICK'S!

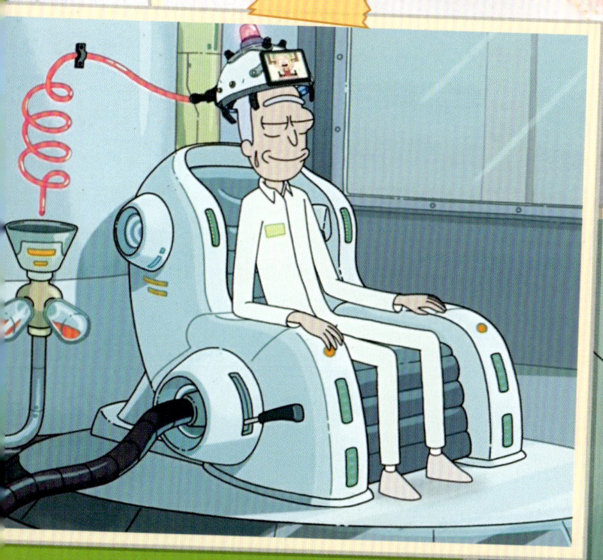

MR. NIMBUS' BEIGNETS

 12 bis 14 Beignets

Zubereitung: 1 Stunde, 30 Minuten
Kochzeit: 30 Minuten

Hallo Richard!

Ich stelle bloß sicher, dass du und deine Familie bereit seid für die große Ehre und das grenzenlose erotische Potenzial, das es birgt, ihn zu Gast zu haben: Seine Majestät, den König des Ozeans, Mr. Nimbus!

Obgleich es einen gewissen Ermessensspielraum gibt, welche Speisen geeignet sind für Den, der zwei Drittel der Erdoberfläche beherrscht (KEIN SEAFOOD!), und du mit den Anforderungen bestens vertraut bist, die Er, der die Polizei kontrolliert, an seinen WEIN stellt, hat Mr. Nimbus eine neue Vorliebe, die dir nicht vorenthalten bleiben soll:

ER STEHT MOMENTAN VOLL AUF BEIGNETS!

Unlängst stattete Mr. Nimbus eurer amerikanischen Stadt New Orleans einen Besuch ab, und obgleich ihn der Verzehr von Unmengen von Fisch und Krustentieren zutiefst verstörte, haben es diese köstlichen Teigleckereien mit Puderzucker aus dem Stand an die Spitze der Liste der Gründe geschafft, warum Er, der der Welt Krabben schenkte, dem Festland gestattet, weiterzubestehen. Bitte wie folgt zubereiten:

FÜR DEN BEIGNET-TEIG:

400 g Mehl Type 550 zzgl. etwas mehr zum Bestäuben

¾ TL Salz

3 EL Zucker

250 ml Vollmilch

2 TL aktive Trockenhefe

1 großes Ei, geschlagen

3 EL Butter, geschmolzen

1½ bis 2 l Pflanzenöl

230 g Puderzucker als Garnitur

FÜR DEN SCHOKOSOSSEN-DIP:

3 EL ungesalzene Butter, geschmolzen

150 g Puderzucker

30 g dunkles, ungesüßtes Kakaopulver

4 bis 6 EL heißes Wasser zzgl. mehr bei Bedarf

KÜCHENWERKZEUG:

Standmixer

1. Um die Schokosoße zuzubereiten, in einer hitzebeständigen Schüssel alle Zutaten mit Ausnahme des Wassers sorgsam verquirlen. Dann schluckweise heißes Wasser dazugeben und einarbeiten, bis die gewünschte Konsistenz erreicht ist.
2. Um den Beignetteig zuzubereiten, in der Schüssel eines Standmixers das Mehl, das Salz und 2 EL Zucker vermengen und auf niedriger Stufe für 30 Sekunden durcharbeiten.
3. In einem hitzebeständigen Messbecher auf hoher Stufe die Milch erwärmen (ca. 30 bis 60 Sekunden). Die Milch sollte ca. 38 °C warm sein, da die Hefe sonst nicht aufgeht. Die Hefe einrühren und 5 bis 10 Minuten ruhen lassen, bis sie zu schäumen beginnt.
4. Das Ei in die Milch-Hefe-Mischung geben, dann in die Schüssel mit dem Mehl füllen und auf niedriger Stufe durcharbeiten, bis sich ein klebriger Teig bildet. (Das dauert bloß 30 bis 60 Sekunden.)
5. Den Rührpaddel- gegen einen Teighakenaufsatz austauschen, die geschmolzene Butter dazugeben und auf mittlerer Stufe 1 bis 2 Minuten durchrühren, bis die Butter vollends eingearbeitet ist. Den Mixer jetzt auf hohe Geschwindigkeit stellen und den Teig 6 bis 7 Minuten kneten, bis er zwar noch klebrig, aber nicht mehr feucht ist.
6. Den Teig mit den Händen zu einem festen Ball formen, in eine eingefettete Schüssel geben und mit Frischhaltefolie abdecken. An einem warmen Ort ungestört 1 bis 2 Stunden aufgehen lassen, bis der Teig ungefähr doppelt so groß ist wie zuvor.
7. Sobald der Teig aufgegangen ist, einen großen Topf oder Schmortopf mit Öl füllen und auf 163 °C erwärmen.
8. Den Teig auf einer mit Mehl bestreuten Arbeitsfläche ausbringen und zu einem länglichen Rechteck ausrollen; dann in 12 bis 14 kleinere Rechtecke schneiden. Bis zum Frittieren mit einem mit Mehl bestäubten Geschirrtuch abdecken.
9. Die Beignets in mehreren Schüben frittieren, jeweils immer nur ein oder zwei zurzeit. Die Beignets ca. 90 Sekunden pro Seite goldbraun frittieren, dann aus dem Öl nehmen und auf einem Drahtgitter, das auf einem Backblech steht, abtropfen und abkühlen lassen. Jeden Beignet mit Puderzucker bestäuben und zusammen mit dem Schokosoßen-Dip oder Mr. Beauregards Gedächtnismarmelade (siehe S. 48) servieren.

»OH, MANN! VIELLEICHT SOLLTET IHR IHM MR. BEAUREGARDS GEDÄCHTNISMARMELADE ALS DIP ANBIETEN, UM DIESEN KÖSTLICHEN KÖSTLICHKEITEN EINE NEUE DIMENSION KOMPLEXEREN FRUCHTGESCHMACKS ZU VERLEIHEN?«

DIE EINZIG WAHREN ZITRONENRIEGEL

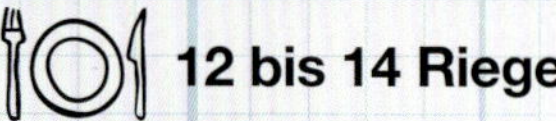

12 bis 14 Riegel

Zubereitung: mind. 4 Stunden, 30 Minuten
Kochzeit: 25 Minuten

FÜR DIE ZITRONENRIEGEL:

- 250 g Mehl Type 550
- 30 g Puderzucker
- ¼ TL Salz
- 180 g ungesalzene Butter, in Stücke geschnitten
- 6 große Eier
- 600 g Zucker
- Zeste von 1 Zitrone
- 250 ml frisch gepresster Zitronensaft
- 380 ml Kokosmilch
- 2 EL Kokosöl, geschmolzen

FÜR DAS KOKOS-TOPPING:

- 1 Blatt Gelatine (ca. 2½ TL)
- 100 g Zucker
- 200 g Sahne

DIE ZITRONENRIEGEL ZUBEREITEN:

1. Den Backofen auf 165 °C vorheizen.
2. Eine gläserne Backform (ca. 22 x 33 cm) mit Backpapier auslegen; dabei darauf achten, dass an beiden Enden Backpapier übersteht. So ist es später leichter, die Riegelmasse herauszuheben.
3. In einer großen Rührschüssel 190 g Mehl, den Puderzucker, das Salz und die kalte Butter vermischen. Die Butter hierzu mit einem Teigmischer oder euren Fingern zu erbsengroßen Stückchen zerbröseln und in den Teig einarbeiten.
4. Den Teig fest in die vorbereitete Backform drücken und die Oberseite glattstreichen.
5. Im vorgeheizten Ofen ca. 25 bis 30 Minuten goldbraun backen. Herausnehmen und auf einem Drahtgitter abkühlen lassen. Die Ofentemperatur auf 150 °C reduzieren.
6. In einer großen Schüssel die Eier, den Zucker, die Zitronenzeste, den Zitronensaft, 2 EL Kokosmilch und das Kokosöl miteinander verquirlen. Das restliche Mehl auf den Pudding sieben und gut durcharbeiten. Den Pudding dann über den Tortenboden gießen, gleichmäßig verstreichen und ca. 30 bis 35 Minuten backen bzw. so lange, bis sich der Pudding gesetzt hat. Aus dem Ofen nehmen und vollständig abkühlen lassen.

DAS KOKOS-TOPPING ZUBEREITEN:

7. Die Gelatine in eine kleine Schüssel geben, mit 2 EL Kokosmilch übergießen und 3 bis 5 Minuten ruhen lassen.
8. In einem mittelgroßen Topf die restliche Kokosmilch und den Zucker zum Kochen bringen und 3 bis 5 Minuten unter stetem Rühren sanft köcheln lassen, bis sich der Zucker vollständig aufgelöst hat. Vom Herd nehmen und die Kokos-Gelatine-Mischung einrühren, bis sie sich komplett aufgelöst hat. In eine hitzebeständige Schüssel füllen und für ca. 35 bis 40 Minuten in den Kühlschrank stellen, bis das Ganze merklich eingedickt ist.
9. In einer separaten Schüssel die Crème double aufschlagen, bis sich steife Spitzen bilden (ca. 3 bis 5 Minuten). Die eingedickte Kokos-Mixtur dazugeben, gut einarbeiten und für 10 Minuten in den Kühlschrank stellen.
10. Das Topping in einer gleichmäßigen Schicht auf der Zitronenriegel-Masse verstreichen und nochmals 15 Minuten kaltstellen.
11. Die gekühlte Zitronenriegel-Masse mit den »Backpapier-Handgriffen« aus der Form heben und auf einem Schneidebrett in Riegel schneiden.

ERDBEER-SMIGGLES-RIEGEL

 Ca. 12 Riegel

 Zubereitung: 40 Minuten
Kochzeit: 15 Minuten

Ich liebe Erdbeer-Smiggles!

Aber ich hab nichts von ihnen, wenn ich TOT bin!! Ich und meinesgleichen, wir werden sinnlos von grausamen, hungrigen Kindern gejagt – aufgelauert und in Stücke gerissen wie von wilden Hunden! Und das bloß, weil ich ein süßer, mit Vitaminen angereicherter Bestandteil eines guten Frühstücks bin!

Im Namen des wohlwollenden Gottes, der auf euer Land herabschaut: Macht diesem Gemetzel ein Ende! Obwohl wir uns kaninchengleich vermehren, ist unsere Gattung mittlerweile fast ausgerottet!

AUSSERDEM KÖNNT IHR EUCH ZUHAUSE GENAU DASSELBE ZUBEREITEN! SOGAR IN PRAKTISCHERER, BESSER ZU TRANSPORTIERENDER FORM!

300 g Reiszerealien

50 g getrocknete Mini-Marshmallowstückchen

100 g gefriergetrocknete Erdbeeren, leicht zerstoßen, sowie noch etwas mehr als Garnitur

3 EL Butter

150 g Mini-Marshmallows

280 g weiße Schokolade, grob gehackt

1. In einer großen Schüssel die Reiszerealien, die getrockneten Marshmallowstücke und die gefriergetrockneten Erdbeeren durcheinanderwerfen, um alles miteinander zu vermischen.
2. Die Butter und die Mini-Marshmallows in eine große hitzebeständige Schüssel geben und für 1 Minute auf hoher Stufe in der Mikrowelle erwärmen. Alles gründlich vermischen und in die Schüssel mit den trockenen Zutaten geben. Wiederum gut durchmischen, bis alles aneinander kleben bleibt und sich in einem großen Klumpen aus der Schüssel nehmen lässt.
3. Die Riegelmasse in eine mit Backpapier ausgelegte gläserne Backform (ca. 22 x 33 cm) geben; am Boden und an den Seiten andrücken. Die Oberseite glätten und bei Zimmertemperatur so lange abkühlen lassen, bis die Masse fest ist (ca. 25 bis 30 Minuten). Dann aus der Form lösen und mit einem großen, scharfen Messer in rechteckige Riegel schneiden.
4. Die weiße Schokolade in einer hitzebeständigen Schüssel für 1 Minute bei hoher Stufe in der Mikrowelle schmelzen. Dann einen Löffel oder einen Spatel in die Schokolade tauchen und damit im Zickzack flüssige Schokolade auf die abgekühlten, zurechtgeschnittenen Riegel träufeln. Schließlich mit weiteren Erdbeerstückchen bestreuen und genießen!

BITTE! Seid unseren Seelen gnädig und gebt euch mit einem unverpackten Äquivalent von unsereins zufrieden! Ich bereue die Sünden von Habgier und Völlerei! Oh, Herr … Oh …

GÜTIGE, GÖTTLICHE ERLÖSER, RETTET MICH!!
DIE KINDER KOMMEN WIEDER!! ZURÜCK, IHR DÄMONEN!!
ZURÜÜCK! BLEIBT ZURÜÜÜ--

SPINNENEIS

 6 Portionen

 **Zubereitung:** 6 Stunden (inkl. Gefrierzeit)
Kochzeit: 15 Minuten

- 110 g Rohrzucker
- 120 ml Spiced Rum
- 400 g fette Schlagsahne
- 400 ml gesüßte Kondensmilch
- 400 g schwarze Rosinen

1. In einem kleinen Topf bei mittlerer Hitze den Rum und den Rohrzucker zum Kochen bringen und unter häufigem Rühren ca. 5 bis 7 Minuten köcheln lassen bzw. so lange, bis das Ganze merklich eingedickt ist und sich der Zucker vollständig aufgelöst hat. Beiseitestellen und abkühlen lassen.
2. In der Schüssel eines Standmixers die Sahne aufschlagen, bis sich steife Spitzen bilden. Die Kondensmilch einarbeiten und in ein großes, flaches, luftdicht verschließbares Behältnis geben. Für 2 Stunden ins Gefrierfach stellen. Dann den Rum-Sirup und die Rosinen einarbeiten.
3. Wieder zurück ins Gefrierfach geben und mindestens 4 Stunden einfrieren, am besten über Nacht. Anschließend einfach mit einem Eisportionierer aus dem Behältnis entnehmen und genießen.

SUPERNOVA-TARTE

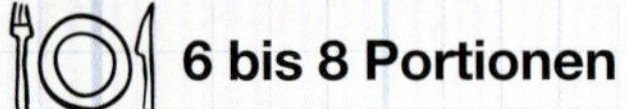 6 bis 8 Portionen

 **Zubereitung: 95 Minuten**
Kochzeit: 35 Minuten

- **160 g Mehl**
- **30 g Puderzucker**
- **½ TL Salz**
- **6 EL ungesalzene Butter, sehr kalt**
- **2 EL Margarine, sehr kalt**
- **3 bis 4 EL Wasser, auf Eis gießen und 1 Minute ruhen lassen**
- **1 Ei, geschlagen**
- **2 EL kaltes Wasser**
- **2 TL Gelatine**
- **2 EL Zucker**
- **200 g fette Schlagsahne**
- **1 TL Vanillepaste oder Vanilleextrakt**
- **1 Pfirsich, entkernt, in dünne Scheiben geschnitten**
- **1 schwarze Pflaume, entkernt, in dünne Scheiben geschnitten**
- **5 bis 10 Erdbeeren (je nach Größe), in dünne Scheiben geschnitten**
- **5 bis 6 Blaubeeren**

1. Den Backofen auf 205 °C vorheizen.
2. Das Mehl mit dem Zucker und dem Salz vermischen. Mit einem Teigmischer die Margarine und die Butter in die Mehlmischung einarbeiten, bis das Ganze an grobes Paniermehl erinnert. Die Butter- und Margarinestücke sollten ungefähr erbsengroß sein.
3. Etwa die Hälfte des Eiswassers über die Mehl-Butter-Mixtur gießen und mit dem Teigmischer durcharbeiten, bis sich ein klebriger Teig bildet. Bei Bedarf noch mehr Wasser hinzufügen, um das gesamte Mehl in den Teig einzuarbeiten.
4. Den Teig in mehreren dünnen Lagen von ca. 3 mm Dicke ausrollen. Die Teiglagen nacheinander vorsichtig über einer Tarteform drapieren und behutsam so am Boden der Form andrücken, dass der Teig nicht reißt oder zu sehr spannt. Dann auch an den Seiten der Form andrücken. Die Kante mit einem Teigroller glätten und allen überstehenden Überschuss abschneiden. Die Tarteform vor dem Backen 20 Minuten in den Kühlschrank stellen.
5. Die Tarteform mit Alufolie auslegen und mit Blindbackgewichten füllen. 15 Minuten backen, dann die Gewichte und die Alufolie entfernen und mit einer Gabel Löcher in den Tarteboden piken. Das Ei mit dem kalten Wasser verquirlen und die Tarte damit einpinseln.
6. Weitere 15 bis 20 Minuten goldbraun und knusprig backen. Aus dem Ofen nehmen und abkühlen lassen.

DAS SCHLAGSAHNE-TOPPING ZUBEREITEN:

7. In einem hitzebeständigen Messbecher die Gelatine mit dem kalten Wasser vermischen und 5 Minuten ruhen lassen. Sobald die Gelatine aufgequollen ist, auf hoher Stufe für 1 Minute in die Mikrowelle geben und danach gut durchrühren.
8. In einer Schüssel den Zucker, die Sahne und die Vanillepaste verquirlen; dabei langsam die Gelatine-Mischung einfließen lassen. Ca. 3 bis 5 Minuten durcharbeiten, bis sich weiche Spitzen bilden. Dann mit Frischhaltefolie abdecken und mindestens 15 Minuten in den Kühlschrank geben.
9. Sobald die Sahnecreme abgekühlt ist, in einer gleichmäßigen Schicht auf dem Boden der Tarte verteilen; dabei darauf achten, dass die Creme bis in die Ecken reicht. Die Blaubeeren in die Mitte der Tarte geben. Die Obstscheiben (abwechselnd Pfirsich und Pflaume) in einem dekorativen Spiralmuster auf der Creme arrangieren. Mit den Erdbeerscheiben garnieren. Die Obstschicht schließlich nach Belieben mit etwas von Jerrys Zuckerwasser einpinseln (siehe S. 132).

Okay, hier ist es: ein tolles Dessert, um die »First Lady« der Vindicators zu feiern – SUPERNOVA! Diese Tarte zuzubereiten macht echt Spaß! Aber … dieses Rezept zusammenzubasteln, war nicht der »schnelle, einfache Job«, wie ihr behauptet habt. Deshalb hat Noob-Noob auch die letzten drei Missionen verpasst …

Betreff: APPETIT AUF ÄPFEL?!

Tja, Amerika ist ganz SCHARF drauf! Sofern die Reaktion vom Boss irgendein Hinweis ist, könnte der Slogan für diese Werbekampagne RICHTIG FETT EINSCHLAGEN! Deshalb müssen wir BEREIT sein!

Ich dachte daran, vielleicht mit ein paar zur Marke passenden Rezepten anzufangen. Und wo sind mehr Äpfel drin als in einem Apfelkuchen? (Die Frage ist ernst gemeint: Wenn´s irgendwas gibt, für das man NOCH MEHR Äpfel braucht, muss das unbedingt ins Line-up, um die Verkäufe von Anfang an so richtig zu pushen, kapiert?)

Ich habe diese Anleitung im Internet gefunden – die Beurteilungen und Kommentare sind ECHT GUT! (Außerdem kann man Zeug, das irgendwer im Netz postet, kostenfrei verwenden, richtig?) (Falls nicht, können wir ja aus rechtlichen Gründen ein paar Kleinigkeiten ändern, z. B. aus »Butter« »Margarine« machen und statt »500 g« »1 Pfund« schreiben oder so.)

Sie machen das schon. Denn die Logistik ist Ihr Fachgebiet – und ich hab mir schon den coolen Slogan ausgedacht! Keiner kann erwarten, dass ich zwei Volltreffer an einem Tag lande, richtig? Ich wollte Ihnen einfach bloß so zeitnah wie möglich mailen, damit wir zuschlagen, so lange ÄPFEL der HEISSE SCHEISS sind!

Jerry Smith

Marketing Account Supervisor
Aus einer Simulation gesendet

JERRYS APPETITLICHER APFELKUCHEN

 1 Kuchen

 **Zubereitung: 15 Minuten**
Kochzeit: 5-10 Minuten

ZUTATEN! :-)

FÜR DEN KUCHENTEIG:

330 g Mehl Type 550

2 TL Puderzucker

1 TL Salz

125 g ungesalzene Butter, sehr kalt, sowie 2 EL mehr für das Obst

45 g feste Margarine, sehr kalt

80 ml Eiswasser

FÜR DIE FÜLLUNG:

3 mittelgroße Äpfel

60 g Butter

100 g Zucker

½ TL Zimt

WIE MAN'S MACHT :-o

1. Den Backofen auf 190 °C vorheizen.

DEN TEIG ZUBEREITEN:

2. In einer Schüssel das Mehl, den Zucker, das Salz, die Butter und die Margarine vermengen. Die Butter und die Margarine mit einem Teigmischer oder mit den Fingern zerbröseln und 1 bis 2 Minuten in den Teig einarbeiten bzw. so lange, bis das Ganze an feuchten Sand erinnert. Dann in mehreren Schüben jeweils ein bisschen von dem Wasser dazugeben und weiter durcharbeiten, bis sich der Teig zusammenfügt. Auf einer mit Mehl bestreuten Arbeitsfläche ausbringen und zu einem Teigrund von ca. 30 cm Ø und einer Dicke von ca. 8 mm ausrollen. Bis zur Verwendung in den Kühlschrank geben, mindestens jedoch 10 Minuten.

DIE FÜLLUNG ZUBEREITEN:

3. Die Äpfel schälen, entkernen und in schmale Keile schneiden. In einer ofengeeigneten Pfanne mit hohen Seiten die Butter schmelzen. Die Pfanne vom Herd nehmen und in einer gleichmäßigen Schicht den Zucker und den Zimt darüber streuen. Die Apfelscheiben in einem konzentrischen, gleichmäßigen Kreis zur schmalen Seite hin darauf arrangieren. Überschüssige Apfelscheiben beiseitestellen.

4. Die Pfanne zurück auf den Herd geben und ca. 10 bis 12 Minuten garen bzw. so lange, bis die Äpfel goldbraun sind. Vom Herd nehmen und die Apfelscheiben mit Essstäbchen vorsichtig wenden. Dann erneut auf den Herd stellen und weitere 10 bis 12 Minuten garen.

5. Ist die Füllung fertig, das Teigrund darauf arrangieren und behutsam die Ränder an den Seiten der Pfanne andrücken, solange das Ganze noch heiß ist.

6. In den Ofen stellen und ca. 30 bis 35 Minuten backen bzw. so lange, bis die Kruste goldbraun ist.

7. Aus dem Ofen nehmen und 2 bis 3 Minuten abkühlen lassen; erst dann auf einen Servierteller geben.

8. Aufschneiden und warm servieren.

DRINKS

Hi. Also ... Ich hatte keine Ahnung, dass meine Familie dieses Familienkochbuch um ein »DRINKS«-Kapitel erweitert hat.

Aber als ich´s zur Sprache brachte und versuchte, diesen Abschnitt zu streichen, wurde Grandpa Rick richtig sauer. Also riiiiichtig sauer. Die Sachen, die er gesagt hat, waren zu übel, um sie hier zu wiederholen und nicht in Schutzhaft zu kommen oder vor einem Bundesgericht unter Eid aussagen zu müssen. Jedenfalls hab ich die Rezepte auf den nächsten Seiten so angepasst, dass sie nicht bloß Alk und Zeug enthalten, für das ich von der Schule fliegen könnte!

(Es sei denn, natürlich, ihr dürft euch schon legal volllaufen lassen und müsst euch mit den quälenden Stimmungsschwankungen von emotional labilen Familienmitgliedern herumschlagen. Dann BRAUCHT ihr vermutlich hin und wieder einen kräftigen Drink.)

(Haha! Ist bloß ein Witz ... oder?)

SÄURE-MARGARITA

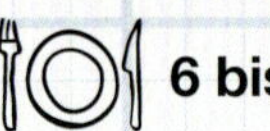 6 bis 8 Drinks

 **Zubereitung: 4 Stunden, 15 Minuten**
Kochzeit: 10 Minuten

Dieses Gebräu wurde getestet und perfektioniert, um dem, der es trinkt, einen unglaublich überzeugenden und kreativ bewundernswerten ABGANG zu bescheren – GARANTIERT! Nein, nicht, was ihr jetzt denkt, ihr kranken Perversen! HIERMIT FAKT IHR EUREN EIGENEN TOD!!

Abhängig von der Körpergröße oder der biologischen Dichte eurer Spezies müsst ihr die Mengenangaben vielleicht ein wenig anpassen.

Geiler Scheiß!

FÜR DEN ORANGENSIRUP:
Zeste von 1 Orange
200 g Zucker
250 ml kochendes Wasser

FÜR DIE LIMETTEN-GRANITA:
Vorbereiteter Orangensirup
250 ml Wasser
500 ml frisch gepresster Limettensaft

FÜR DIE KNOCHEN:
1 EL Baiserpulver
120 g Puderzucker
2 EL Wasser
1 bis 2 TL Meersalzflocken als Garnitur

FÜR DIE MARGARITA:
80 g vorbereitete Granita
60 ml Tequila, nach Wahl
2 bis 3 schmelzende Knochen

1. In einem kleinen Topf bei mittlerer Hitze die Orangenzeste, das Wasser und den Zucker vermischen, zum Kochen bringen und 3 bis 5 Minuten unter stetem Rühren köcheln lassen bzw. so lange, bis sich der Zucker vollständig aufgelöst hat und die Mixtur leicht eingedickt ist. In einen hitzebeständigen Messbecher geben und vollständig abkühlen lassen.
2. Den Sirup in ein sauberes Behältnis seihen, um die Zeste daraus zu entfernen, und mit dem Wasser und dem Limettensaft vermischen. 30 Sekunden durchrühren, dann in eine Backform (ca. 22 x 33 cm) geben und für mindestens 4 Stunden ins Gefrierfach stellen.
3. Alle 45 Minuten mit einer Gabel durch die Granita fahren, um die Textur von Shaved Ice zu erhalten. Falls ihr die Granita im Voraus zubereitet, mit Frischhaltefolie abgedeckt im Gefrierfach lagern, um Frostbrand zu verhindern.
4. Um die Knochen zuzubereiten, alle Zutaten in einem Standmixer auf niedriger Stufe 7 bis 10 Minuten schlagen, bis sich steife Spitzen bilden.
5. Den Zuckerguss in einen Spritzbeutel füllen und kleine Knochen in verschiedenen Formen auf ein Stück Backpapier spritzen. Solange die Knochen noch feucht sind, mit einer Prise Meersalzflocken bestreuen. Vollständig trocknen lassen. In einem luftdicht verschließbaren Behältnis 1 bis 2 Wochen haltbar.

EINE MARGARITA ZUBEREITEN:

6. Die vorbereitete Granita in ein niedriges Cocktailglas geben. Den Tequila mit Eis shaken und über die Granita gießen. Mit einigen Knochen garnieren und in Maßen genießen.
7. Kann ohne Tequila auch als Limetten- und Orangen-Slushy genossen werden!

ANTI-GURKEN-SERUMSHOTS

 1 Shot — Zubereitung: 5 Minuten

WENN IHR DIESE NOTIZ LEST, besteht die 36%-ige Wahrscheinlichkeit, dass das daran liegt, weil ich mich versehentlich in eine Gewürzgurke verwandelt hab – schon wieder.

DIE GUTE NEUIGKEIT: Wir sind jetzt schon bei VERSION 2.0, ich hab also gelernt, das Ganze möglichst schlicht zu halten. So unglaublich cool und LEGENDÄR ich IN GESTALT EINES STÜCKS OBST* auch bin, als Gurke ist man in vielem, was man tut, echt verdammt eingeschränkt!

Darum hab ich die Formel überarbeitet, für den Fall, dass ich mich erneut in eine Gurke verwandle, damit man den Vorgang RÜCKGÄNGIG machen kann mit Materialien, an die man hierzulande wesentlich einfacher rankommt: mit GEWÜRZGURKENLAKE UND HARTEM ALKOHOL! Jawoll, Sohn!

Technisch gesehen müsst ihr die Gewürzgurkenscheiben nicht zwingend verwenden, damit die Sache als Anti-Gurken-Serum durchgeht. Aber so lange ich nicht mitten in einem streunenden Tier stecke oder Jerry mir beim Schlafwandeln das Gesicht zu einem blutigen, schreienden RELISH zerkaut, können wir hiermit ebenso gut ein bisschen Spaß haben!

ICH HAB MICH IN 'NE GURKE VERWANDELT! BOOM!

1 EL Gewürzgurkensaft (von Gurken-Ricks Transformationslake, S. 10)

1 dünne Gewürzgurkenscheibe (von Gurken-Ricks Transformationslake, S. 38)

60 ml Whiskey

1. Den Gewürzgurkensaft in ein Reagenzglas oder ein hohes, schmales Glas gießen, das ungefähr denselben Durchmesser hat wie die Gewürzgurkenscheibe. Dann vorsichtig die Gurkenscheibe wie einen Pfropfen darauf drücken.
2. Behutsam den Whiskey hinzufügen.
3. Zeit, euren Anti-Gurken-Serumshot zu genießen!

Zeit für Anti-Gurken-Serumshots! (Und vielleicht ein Grund dafür, warum ich überhaupt zur Gurke wurde ...)

* Gewürzgurken sind Gurken, und Gurken ENTHALTEN IHRE EIGENEN SAMEN, womit sie wissenschaftlich betrachtet FRÜCHTE sind! Sie als »Küchengemüse« zu bezeichnen, beweist bloß, dass »Köche« in Wahrheit nur Möchtegern-Chemiker sind, die in allen Disziplinen durchgerasselt sind außer in RUDIMENTÄRES LISTENLESEN.

MULTIVERSUMS-MOJITOS

 2 Drinks

Zubereitung: 10 Minuten

RICK: Mr. Meeseeks!

Solange Beth und Jerry weg sind, schmeiß ich ´ne Sause mit ein paar echten Partymonstern von anderen Planeten und aus anderen Realitäten. Darum müssen wir dafür sorgen, dass das Ganze der HAMMER wird und nicht zu so ´nem Frührentner-Billigschwof verkommt, kapiert?

Sobald du einen meiner (coolen) Freunde ohne Drink siehst, gib ihm einen hiervon! 93% des Multiversums steht voll auf Mojitos.

Also mach einen ordentlichen Schwung davon. Und immer schön nachreichen!

Nur Zahnradkopf kriegt nix – der ist scheiße!

1 EL Rohrzucker

Saft von 1 Limette

4 bis 5 Blättchen frische Minze, abgespült, sowie nach Belieben noch mehr als Garnitur

110 ml weißer Rum

230 ml Ingwerbier

1. In einem kleinen Messbecher den Zucker, den Limettensaft und die Minze für ca. 30 Sekunden sanft zerdrücken, bis die Minze ihre ätherischen Öle freisetzt.
2. Den Rum einrühren. Den Cocktail gleichmäßig in zwei mit Eis gefüllte Gläser seihen.
3. Beide Gläser mit dem Ingwerbier aufgießen und umrühren.
4. Nach Belieben mit Minze garnieren und genießen.

MR. NIMBUS' NOTFALLWEIN

4 bis 6 Portionen

Zubereitung: 2 Stunden, 15 Minuten

ICH BIN MR. NIMBUS!

Seid ihr abenteuerlustig und freimütig genug, um neue, aufregende, kribbelnde Freuden zu erleben?

Dann Obacht! Als Geste des Wohlwollens und der neu erblühten »Kameradschaft« unseres Schoßes verrate ich euch das geheiligte Prozedere, dem mein Königlicher Wein entspringt!

Und wenn ihr wollt, dass zwischen dem Land und der See weiterhin Frieden herrscht, stellt ihr für Mr. NIMBUS' ANKUNFT lieber eine ausreichende Menge dieses Gesöffs bereit!

(Und wenn ihr genügend Wein bereitstellt, kommt Mr. Nimbus vielleicht öfter ...)

NEIN! Kein querdimensionales Weinreifen mehr! Ich hab´s satt, Zeit und Raum zu krümmen, damit sich ein perverser Pfützenhüpfer besaufen kann! Wir machen Nimbus seinen Wein jetzt so wie hier beschrieben. ER MERKT DEN UNTERSCHIED SOWIESO NICHT!

- **800 ml fruchtiger Rotwein**
- **100 ml Brandy**
- **Saft von 1 Orange**
- **1 Orange, in 5 Keile geschnitten**
- **1 Apfel, in Stücke geschnitten**
- **1 Pflaume, in Stücke geschnitten**
- **120 g Brombeeren (optional)**
- **350 ml Ingwerbier**
- **Einige Eiswürfel**

1. In einem Krug den Wein, den Brandy, den Orangensaft und das Obst vermischen. Vor dem Servieren 2 bis 4 Stunden im Kühlschrank kaltstellen.
2. Zum Servieren einige Eiswürfel in den Krug geben, mit dem Ingwerbier aufgießen und behutsam umrühren, um alles zu vermischen.

Und diese putzigen kleinen Zungendinger nicht vergessen, damit alle ein bisschen Obst in ihren Drinks haben!

SQUANCHYS SQUANCHIGER SQUANCH-SAFT

 2 Drinks

 Zubereitung: 15 Minuten
Kochzeit: 10 Minuten (falls ihr den Sirup selbst macht)

Hey, Squanchy! Du musst sofort rüberkommen! Ich musste gerade diese Obstleute abschlachten, aber als ich etwas davon in den Mund bekam, war der Geschmack der HAMMER!

Danke, Rick, aber ich bin schon ziemlich squanchig.

Ach, komm schon! Ich wette, daraus kann man einen GEILEN COCKTAIL machen!
Beweg deinen Kadaver hierher und wir geben uns die Tante!
Alante
FANTE
VER ICKT!
Ich glaub, nachdem ich Summer wegen ihrer WhatsApps zusammengefaltet hab, hat Beth hier so ´n Nanny-Mais installiert.
Keks, der RUM ist alle. Kannst du was mitbringen?

Jetzt squanchst du aber! Ich sag doch, sowas gibt's hier nicht. Aber ich kann was squanchen, bevor ich rübersquanche! Soll ich sonst noch was mitsquanchen?

JA. DAS ALLES:

- **200 g TK-Erdbeeren**
- **1 EL Sirup (Jerrys Zuckerwasser, S. 132)**
- **Saft von ½ Limette**
- **60 ml weißer Rum**

Wow. Das ist … viel mehr Squanch, als ich erwartet hatte.

UNTERBRICH MICH NICHT. DA KOMMT NOCH MEHR!

- **200 g TK-Ananas**
- **1 EL Sirup (Jerrys Zuckerwasser, S. 132)**
- **Saft von ½ Limette**
- **60 ml weißer Rum**
- **1 EL gefriergetrocknete Erdbeeren, zerstoßen, als Garnitur**

Okay! Hau raus den Squanch! Ich besorg den Squanch!

Buck, yeah!
… SEI VERMAMMT, BETH!!!

1. In einem Mixer die gefrorenen Erdbeeren, den Sirup, den Limettensaft und den Rum 1 bis 2 Minuten durcharbeiten bzw. so lange, bis das Ganze schön geschmeidig ist. Dann in einen Messbecher geben und für mindestens 5 Minuten ins Gefrierfach stellen.
2. Den Mixer reinigen und den oberen Schritt mit der gefrorenen Ananas wiederholen. In einen separaten Messbecher geben und mindestens 5 Minuten ins Gefrierfach stellen.
3. Sobald beide Mischungen bereit sind, jeweils die Hälfte jeder Mixtur in eins von zwei Gläsern gießen. Mit einem Barlöffel umrühren und mit gefriergetrockneten Erdbeeren krönen.
4. Kann auch ohne Rum zubereitet und als Erdbeer-Ananas-Smoothie genossen werden.

Es … kommt. Und zwar heftig!

In einer Welt, in der du von dreckiger, schmutziger, blubbernder … Masse … umgeben bist, obwohl du dringend ein schnittiges, spektakuläres Versuchsexemplar benötigt, nimm

TURBULENT JUICE!

Turbulent Juice macht aus dürren, schlaksigen Michaels heiße, muskelbepackte Mannys!

TURBULENT JUICE!

Das ist ´ne Flüssigkeit. Und du kriegst sie überaaaaall auf deine Klamotten … und in dich rein!

TURBULENT JUICE!

TURBULENT JUICE

 **750 ml Wodka (reicht für viele Drinks)**

 **Zubereitung: 2 Stunden, 15 Minuten**

BLAUER WODKA:

750 ml Wodka

1½ EL getrocknete Schmetterlingserbsenblüten

TURBULENT JUICE-COCKTAIL:

60 ml vorbereiteter blauer Wodka

300 ml Tonic Water

1 Limettenkeil

1. In einem Behältnis den Wodka und die Schmetterlingserbsenblüten vermischen und mindestens 2 Stunden durchziehen lassen, um den Wodka einzufärben. (Soll die Farbe dunkler sein, bis zu 4 Stunden ziehen lassen.) Sobald die Farbe eurer Vorstellung entspricht, durch ein Sieb abseihen, um die Blüten herauszufiltern, und den Wodka auffangen.
2. Ein Cocktailglas mit Eis füllen und zu ¾ mit Tonic Water aufgießen.
3. Einen Shot Wodka (20 ml) in das Glas gießen und den Limettenkeil darüber ausdrücken.
4. Einmal kurz umrühren und zusehen, wie sich die Farbe ändert. Genießen!

Wo zur Hölle kommt das nun her? Ist das immer noch ein REINIGUNGSMITTEL? Oder soll man das jetzt TRINKEN??

BETHS HAUSGEMACHTE LIMONADE

 6 bis 8 Portionen

 Zubereitung: 20 Minuten
Kochzeit: 10 Minuten

Manchmal legt man es überhaupt nicht darauf an, ein besonderes neues Familienrezept zu entwickeln. Es passiert einfach irgendwie, wenn man dies ein bisschen anpasst, weil der eine es so lieber mag, und dann ein wenig davon dazugibt, weil's der andere besser findet.

Es hat ein bisschen Rumexperimentieren erfordert (und einiges an Mühe, meinen Vater daran zu hindern, seine Experimente unterzumischen), aber am Ende habe ich mir einen ganz besonderen Sommerdrink einfallen lassen, den man in einem Krug beim Picknick oder an Grillabenden servieren kann.

Um meinen Dad zufriedenzustellen, musste ich natürlich eine Version mit ordentlich Alkohol machen. Aber wenn eure Kinder so sind wie meine, mögen sie diese Limonade genauso gern *ohne* Fusel. (Nur werden sie dann nicht so schnell müde und gehen später zu Bett!)

(Ich mach bloß Spaß. Nicht gleich wieder das Jugendamt verständigen!)

FÜR DEN EARL GREY-SIRUP:
200 g Zucker
250 ml Wasser
2 Earl Grey-Teebeutel

FÜR DIE LIMONADE:
500 ml Zitronensaft
1½ bis 2 l Wasser
Vorbereiteter Sirup
60 ml Gin (optional)

1. In einem kleinen Topf bei mittlerer Hitze den Zucker und das Wasser vermischen. Unter regelmäßigem Rühren 3 bis 5 Minuten köcheln lassen, bis sich der Zucker vollständig aufgelöst hat und das Ganze leicht eingedickt ist.
2. In einen gläsernen Messbecher geben und die Teebeutel hinzufügen. 3 bis 5 Minuten ziehen lassen. Die Teebeutel herausnehmen und den Tee in einen luftdicht verschließbaren Behälter geben. Im Kühlschrank bis zu 2 Wochen haltbar.
3. Für die Limonade in einem großen Krug den Zitronensaft, das Wasser und den vorbereiteten Sirup vermischen. Wasser und Sirup nach Belieben verwenden.
4. Optional einen Shot Gin (20 ml) einrühren.
5. Am besten kalt auf Eis servieren und genießen.

SAFTKUR

 1 bis 2 Gläser

 Zubereitung: 10 Minuten

250 ml Apfelsaft

½ Salatgurke, geschält und entkernt

Ca. 3 cm frischer Ingwer, geschält und gehackt

1 Limette, entsaftet

1 TL Weizengraspulver

1. In einem Mixer den Apfelsaft, die Salatgurke, den Ingwer und den Limettensaft vermischen. 30 bis 45 Sekunden durcharbeiten, bis alles fein püriert und gut vermischt ist.
2. In ein Glas seihen und das Weizengraspulver einrühren. Bon Appétit!

JERRYS ZUCKERWASSER

 1 bis 2 Gläser

 Zubereitung: 10 Minuten

Beth.

Ich weigere mich, hartverdientes Geld für lästerliche Mengen einfachen Sirups auszugeben, die dein Vater (und, seien wir ehrlich, vermutlich auch Summer) für die unzähligen Hektoliter COCKTAILS, SAUF-A-PALOOZAS und ALKOHOLEXPERIMENTE braucht, die er sich allein in den wenigen Stunden der Woche hinter die Binde kippt, die er unbeaufsichtigt ist. Darum nehm ich das jetzt SELBST in die Hand!

Von jetzt an mache ich meinen eigenen Sirup! Der ist viel günstiger, und außerdem muss ich mich dann nicht über die »spitzen« Bemerkungen der Schnapsladenverkäuferin aufregen.

Sollte dein Dad allerdings argwöhnen, dass irgendwas nicht stimmt, fall mir bitte nicht in den Rücken, okay? NUR DIESES EINE MAL!

250 ml Wasser

200 g Zucker

1. In einem kleinen Topf bei mittlerer Hitze den Zucker und das Wasser erwärmen und so lange rühren, bis sich der Zucker vollständig aufgelöst hat. Abkühlen lassen und in ein luftdicht verschließbares Behältnis füllen. Dies ist die Grundlage für mehrere Rezepte im DRINKS-Kapitel dieses Buches (ab S. 119).
2. Im Kühlschrank bis zu 2 Wochen haltbar.

NAHRUNGSMITTELINFORMATIONEN

FRÜHSTÜCK	Vegetarisch	Vegan	Glutenfrei
Kein Megabaumfrucht-Salat	X		X
Pancakes mit extra Sirup			
Pancake/Waffel-Teigmischung		X	
Froopyland-Waffeln		X	
Deftige Frühstücksröstis			X
Würstchen-Raumschiffe mit Soßen-Biscuits			
Mortys Fratzen-Frühstückssandwich			
Mrs. Pancakes' Sie-kennen-mich-doch-gar-nicht-Smoothie-Bowl	X		
Mrs. Pancakes' Avocado-Toast	X		
Augenhöhlen		X	
Jerrys French Toast-Taschen		X	
APPETITHÄPPCHEN, SNACKS & BEILAGEN	**Vegetarisch**	**Vegan**	**Glutenfrei**
Multiversale Pilz-Canapés		X	
Spinat-Artischocken-Canapés für diese Typen da		X	
Prosciutto-Toast-Canapés			
Gurken-Ricks Transformationslake	X		X
Eisbergsalatspieße			X
Unsterblichkeitsknabbermischung		X	
Biggity Ranch-Dressing	X		X
Mortys Entgiftungsgemüsestäbchen	X		X
Mr. Beauregards Gedächtnismarmelade	X		X
Denkwürdige Windbeutel		X	
Lil' Bits-Sandwiches			
Lil' Bits-Pasteten		X	
Lil' Bits-Spiegeleier		X	X
Lil' Bits-Minipizzen			
Bobbish-Kartoffelchips	X		X
HAUPTGERICHTE	**Vegetarisch**	**Vegan**	**Glutenfrei**
Cronenberg-Enchiladas			
Ricks Schweinefleisch-Scaloppine			
Zuckerhühnchen			
Froschclub-Sandwich			
Unitätsburger			
Schweinekoteletts à la Familie Smith			X
Hot Dogs on a Rick			
Blumenkohl-Portalmatsche		X	X
Jerrys Weihnachtsschinkenglasur	X		
Stinknormaler Bohnenauflauf			
Bloß mit Käse überbackene Kartoffeln		X	X

Alternative Realitätspizza			
Roys Hackbraten			
Kohlsalat	X		X
Minestrone	X		
Grilltomatenpasta		X	X
Eichelkürbissuppe		X	
Jerrys Topfpastete			
Jerrys Grillkäse-Sandwich			
Chili Dogs für Couragierte			
DESSERTS	**Vegetarisch**	**Vegan**	**Glutenfrei**
Kalaxianische Kristalle	X		X
Roys Festtagstorte		X	
Erdbeeren am Kolben		X	
Dunkle Materie-Brownies		X	
Ricks simple Waffelschnitten		X	
Mr. Nimbus' Beignets		X	
Die einzig wahren Zitronenriegel		X	
Erdbeer-Smiggles-Riegel		X	
Supernova-Tarte			
Spinneneis		X	X
Jerrys appetitlicher Apfelkuchen		X	
DRINKS	**Vegetarisch**	**Vegan**	**Glutenfrei**
Säure-Margarita	X		X
Anti-Gurken-Serumshots	X		X
Multiversums-Mojitos	X		
Squanchys squanchiger Squanch-Saft	X		X
Mr. Nimbus' Notfallwein	X,		X
Turbulent Juice	X		X
Beths hausgemachte Limonade	X,		X
Saftkur	X,		X
Jerrys Zuckerwasser	X		X

GLOSSAR

Blanchieren und abschrecken: Blanchieren nennt man den Vorgang, bei dem man Wasser zum Kochen bringt, Zutaten (ODER EURE FEINDE) hineingibt – für gewöhnlich Gemüse oder Obst (ODER, NOCHMAL, FEINDE) – und sie für kurze Zeit kocht, meist 1 bis 3 Minuten. Um ein Übergaren (ODER, IM FALLE DER FEINDE, DEN TOD) zu vermeiden, nimmt man das Essen aus dem kochenden Wasser und gibt es in ein Eisbad (EINE MISCHUNG, DIE ZUR HÄLFTE AUS KALTEM WASSER UND AUS EISWÜRFELN BESTEHT), damit der Garprozess schlagartig unterbrochen wird. Dann lässt man das Ganze abtropfen und verwendet es wie beschrieben im Rezept (ODER BEIM VERHÖR).

Gelatine aufblühen lassen: Eine Methode, die dabei hilft, sicherzustellen, dass sich Gelatine mühelos auflöst und gut verarbeiten lässt. Nehmt hierzu die im Rezept angegebene Menge an Wasser und Gelatine, gebt das Wasser in eine flache Schüssel und sprenkelt das Gelatinepulver gleichmäßig über die Oberfläche. Lasst die Gelatine 3 bis 5 Minuten aufblühen. Ihr seht die Veränderung, wenn die Gelatine anfängt, Wasser aufzunehmen und aufzuquellen. DIESER TEIL IST BESONDERS WICHTIG, WENN IHR DIESE KLON-GELATINE HERSTELLT. IHR WISST SCHON, DAMIT EURE KLONE BEWEGUNGSUNFÄHIG BLEIBEN.

Butter: Sofern nicht anders angemerkt, bezieht sich die Erwähnung von Butter in diesem Buch auf gesalzene Butter. OBWOHL UNGESALZENE DEN ROSTIGEN EINGEWEIDEN EURES BUTTER-ROBOTERS ´NE DRINGEND BENÖTIGTE **RUHEPAUSE** GÖNNEN WÜRDE.

Kochmesser: Ein mittelgroßes oder großes Allzweckmesser, das sich für die meisten Arbeiten in der Küche eignet. AUSSERDEM EINE GUTE WAHL, WENN MAN IN EINEM MESSERKAMPF ANTRETEN MUSS, UM SEINE FAMILIE/SEINEN PLANETEN/SEINE DIMENSION ZU RETTEN.

Chiffonade: DAS IST FRANZÖSISCH UND BEDEUTET SO VIEL WIE »KLEINE STREIFEN«. DABEI NIMMT MAN BLÄTTER (BASILIKUM ODER SO), STAPELT SIE AUFEINANDER, ROLLT SIE ZUSAMMEN UND SCHNEIDET SIE IN KLEINE STREIFEN ZUM GARNIEREN. (KANN AUCH SEIN, DASS IHR EINFACH AUF SOWAS STEHT. KEIN GRUND, SICH DAFÜR ZU SCHÄMEN, LEUTE!)

Ablöschen: Eine Methode, um karamellisiertes Essen vom Topf- oder Pfannenboden zu lösen. Hierzu gießt man Flüssigkeit – meistens Wein oder Brühe – in das heiße Kochgefäß. Diese kleinen Bröckchen, Fond genannt, sind voller Geschmack und sollten nicht einfach so entsorgt werden! Meist ist das Ablöschen der erste Schritt bei der Zubereitung einer köstlichen Soße. (SICHUAN ODER SO.)

Eierlasur: 1 Ei und 1 EL Wasser miteinander verquirlen, bis das Ganze hell und schaumig ist. Mit einem Backpinsel auftragen.

Frittieren (Verwendungs- und Sicherheitshinweise):

1. Falls ihr keine Fritteuse habt (UND ZU DÄMLICH SEID, EUCH EUREN EIGENEN QUANTUMVERKNUPSERER ZU BAUEN), nehmt einen Schmortopf oder einen Topf mit hohen Wänden.

2. Füllt niemals zu viel Öl in den Topf, um zu verhindern, dass heißes Öl über den Rand spritzt, wenn ihr Essen hineingebt. DAS IST NICHTS ANDERES ALS DAS ARCHIMEDISCHE PRINZIP! HATTET IHR IN DER SCHULE KEINEN PHYSIKUNTERRICHT?!?

3. Verwendet bloß geeignete Frittieröle wie z. B. Rapsöl, Erdnussöl, GELUVIANISCHES SCHLÜRF-LUP oder Pflanzenöl.

4. Vergesst nicht, mit dem Frittierthermometer die Temperatur im Auge zu behalten! Für die meisten Rezepte benötigt ihr eine Temperatur zwischen 175 °C und 190 °C.

5. Niemals zu viel Essen auf einmal in den Topf geben. (JERRY!)

6. Niemals feuchtes Essen in den Topf geben, um zu vermeiden, dass das heiße Öl spritzt, denn das kann ernste Verletzungen verursachen! (ES SEI DENN, WIE SCHON GESAGT, JEMAND FORDERT EINEN ZU EINEM MESSERKAMPF UM DIE WELT ODER SOWAS RAUS. DANN KÖNNTE DAS HIER EIN GENIALES ABLENKUNGSMANÖVER SEIN, UM DEM ERSTEN ANGREIFER VERBRENNUNGSSPRITZER ZU VERPASSEN. DANN SCHNAPPT IHR EUCH DIESES KOCHMESSER UND ERSTECHT DEN ZWEITEN, BEVOR DER SEINE LASERKANONE ZÜCKEN KANN! ANSCHLIESSEND GEBT IHR DEM ERSTEN TYPEN DEN REST UND KAPERT IHR RAUMSCHIFF, UM EUCH DIE BOSSE DIESER KERLE VORZUKNÖPFEN. AB JETZT FÜHRT IHR DIESEN KRIEG NACH EUREN REGELN!)

8. Den Topf niemals unbeaufsichtigt lassen. (JERRY!!!)

9. Niemals Kinder UND/ODER JERRY in die Nähe des Topfs lassen.

10. Vermeidet es, mit heißem Öl in Kontakt zu kommen! (DAS GILT NICHT FÜR DICH, JERRY. ICH WETTE, DU KANNST DAS AB, GROSSER.)

Mazeration: Der Prozess, bei dem man Obst mit Zucker und/oder Zitrussaft vermischt und dann beiseitestellt, bis das Ganze aufweicht und die Früchte ihre natürlichen Säfte freisetzen. WÜRG.

Mandoline: Gemüse gleichmäßig klein zu schneiden, kann ziemlich zeitaufwändig sein. (AUSSERDEM BRAUCHEN DIE JA AUCH MATERIAL FÜR DIESE REALITY-SHOWS, RICHTIG?! HAHA. UNSERE SPEZIES ENTWICKELT SICH MUTWILLIG ZURÜCK.) Eine Mandoline (DAS KÜCHENDINGS, NICHT DAS MUSIKINSTRUMENT) erleichtert diesen Vorgang, macht das Schneiden schneller und sorgt für Gleichförmigkeit. Außerdem kann man eine Mandoline dazu verwenden, Obst und Gemüse zu raspeln und zu hobeln. Eine Mandoline (DAS WERKZEUG) besitzt eine flache Oberfläche mit einer rasiermesserscharfen Klinge, die so eingestellt werden kann, dass sie dickere oder dünnere Stücke schneidet. Die Auswahl reicht hier von einfachen Modellen bis hin zu welchen mit einer breiten Palette an Zubehör. EINE MANDOLINE (DAS INSTRUMENT) HAT EINEN HOHLEN KLANGKÖRPER UND VIER IN QUINTEN GESTIMMTE SAITENPAARE. ABER SCHNEIDET DAMIT NICHT EURER GEMÜSE! (DENN MUSIKER SIND SCHLAMPIG UND STERILISIEREN NIE IHRE INSTRUMENTE!) Da eine Mandoline (DAS KÜCHENWERKZEUG) eine scharfe Klinge besitzt, solltet ihr unbedingt die Sicherheitsanweisungen des Herstellers beachten!

Milch: Sofern nicht anders angemerkt, bezieht sich die Bezeichnung Milch in diesem Buch immer auf Kuhmilch (AUFGRUND DER KLEINGEISTIGKEIT, MIT DER DIE MEISTEN ESSENSGÄSTE DEN BEGRIFF »ANSTAND« AUSLEGEN). Falls nicht anders angegeben, genügt in den meisten Fällen zudem Milch mit beliebigem Fettgehalt.

Pfannenrösten: Eine Methode, um Zutaten zu rösten, in diesem Fall Nüsse oder Gewürze: Erwärmt bei mittlerer bis großer Hitze eine trockene Pfanne. Sobald die Pfanne heiß ist, gebt ihr in einer gleichmäßigen Schicht die Nüsse oder Gewürze hinein und erhitzt sie unter gelegentlichem Rühren für 1 Minute. Nehmt die Pfanne dann vom Herd und röstet das Ganze noch 2 bis 3 Minuten weiter; dabei ein- oder zweimal umrühren. Auf diese Weise verhindert ihr, dass die Zutaten verbrennen, wenn ihr abgelenkt werdet ODER FÜR EINIGE MINUTEN DAMIT BESCHÄFTIGT SEID, DIE NATURGESETZE NACH EUREM WILLEN ZU BEUGEN. Aus der Pfanne nehmen, sobald die Zutaten angenehm duften.

Backpapier: Papier, das mit einer Silikonschicht überzogen ist, um eine hitzebeständige, nicht haftende Oberfläche zu erzeugen. Man kann Backpapier dazu verwenden, Backbleche und Backformen damit auszulegen, Kekse zu backen und Abtropfendes aufzufangen, wenn man Kuchen glasiert oder mit einem Frosting überzieht. Im Gegensatz zu Silikon-Backmatten kann man Backpapier mit einer Schere oder einem Gemüsemesser in alle möglichen Formen schneiden. Backpapier ist ein Wegwerfartikel, und für gewöhnlich ist es günstiger, eine Rolle Backpapier als ein paar Silikonmatten zu kaufen. Das bedeutet aber auch, dass Backpapier letztlich mehr Abfall verursacht. (ABER VIELLEICHT HABT IHR´S JA NICHT SO MIT »LECKEREIEN« WIE DIESES ZUCKERSCHNITTCHEN RICK SANCHEZ!)

Gemüsemesser: Ein kleines, scharfes Messer, das hauptsächlich dazu verwendet wird, Obst und Gemüse zu schälen. Ideal für Feinarbeiten. (GUT ZU WISSEN. DANN IST DAS DING ALSO DOCH NICHT BLOSS ´NE RESERVE, WENN MAN ZU FAUL IST, DIE »NORMALEN« MESSER ABZUWASCHEN.)

Salz: Sofern im Rezept nicht anders angegeben, nehmt das Salz eurer Wahl. In diesem Buch kommt im Grunde nur ganz normales Salz zum Einsatz.

Silikon-Backmatten: Antihaftbeschichtete Backmatten aus hochwertigem, lebensmittelechtem Silikon. Diese Matten sind in unterschiedlichen Formen und Größen verfügbar, um in verschiedene Backformen zu passen. Der größte Vorteil einer Backmatte ist der, dass sie im Gegensatz zu Backpapier wiederverwendbar und abwaschbar ist. Außerdem eignet sich die Silikonmatte bestens für Aufgaben, die zu heiß oder zu klebrig (DU SAU!) für gewöhnliches Backpapier sind. (ALSO FÜR ZUCKERARBEITEN UND BEIM HANTIEREN MIT VIEL FETT. WAS MICH BETRIFFT, ICH BIN DA FÜR ALLES OFFEN!)

Kohl entstrunken: Eine Methode, um Kohl von Strunken zu befreien. Entfernt bei jedem Kohlstück den dicken Strunk in der Mitte, indem ihr ihn von beiden Seiten mit einem Kochmesser einschneidet. EINE GUTE ÜBUNG, WENN DIE ANGREIFER, MIT DENEN IHR´S ZU TUN KRIEGT, AUS EINER WELT VOLLER KOHLMENSCHEN STAMMEN!

Vanillepaste: Vanillepaste besitzt ein starkes Vanillearoma und hübsche Vanilleschoten-Pünktchen, ohne dass ihr euch extra die Mühe machen müsst, Vanilleschoten aufzuschneiden und das Mark herauszukratzen. Obwohl Vanillepaste teurer ist als Vanilleextrakt, gibt es Gerichte, die ungemein von Vanillepaste profitieren. Zur Not kann Vanillepaste aber immer durch Vanilleextrakt ersetzt werden. IHR WISST SCHON: FÜR ALLE, DIE SCHISS HABEN, IN DIESEM KURZEN, TROSTLOSEN LEBEN WAHRE WONNE ZU ERFAHREN.

UMRECHNUNGSTABELLE

Volumen

USA	Metrisch
⅕ Teelöffel (TL)	1 ml
1 Teelöffel (TL)	5 ml
1 Esslöffel (EL)	15 ml
1 Flüssigunze (fl. oz.)	30 ml
⅕ cup	50 ml
¼ cup	60 ml
⅓ cup	80 ml
3.4 Flüssigunzen (fl. oz.)	100 ml
½ cup	120 ml
⅔ cup	160 ml
¾ cup	180 ml
1 cup	240 ml
1 pint (2 cups)	480 ml
1 quart (4 cups)	1 l

Temperaturen

Fahrenheit	Grad Celsius
200°	94 °C
212°	100 °C
250°	120 °C
275°	135 °C
300°	150 °C
325°	163 °C
350°	177 °C
400°	205 °C
425°	218 °C
450°	232 °C
475°	246 °C

Gewicht

USA	Metrisch
0.5 Unze (oz.)	14 g
1 Unze (oz.)	28 g
¼ Pfund (lb.)	113 g
⅓ Pfund (lb.)	151 g
½ Pfund (lb.)	227 g
1 Pfund (lb.)	454 g

APPROX
500ml
400
300
200
250ml
200
150
100
Spill-Proof

ÜBER DIE AUTOREN

AUGUST CRAIG ist ein aufstrebender Foodstylist und ein riesengroßer Nerd. Er hat Kochen und Essen schon immer als Möglichkeit geschätzt, etwas mit anderen Menschen zu teilen. Seit er damals das erste Mal *Star Wars* auf VHS sah, ist er fasziniert von SF- und Fantasywelten und den Charakteren, die sie bevölkern. Seine Begeisterung fürs Kochen entflammte vor vielen Jahren, als er zusammen mit seinem Großvater einige Zeit in Spanien verbrachte und dabei Geschichten über das Restaurant hörte, das sein Grandpa betrieb. August ist begeistert, bei diesem Projekt zwei seiner größten Leidenschaften miteinander zu verbinden, um sie auf diese Weise mit anderen zu teilen und euch so – hoffentlich – zu eigenen kreativen Abenteuern zu ermutigen.

JAMES ASMUS hat für Buchverlage, Theater, Comedy, Videospiele und das Fernsehen geschrieben. Zu seinen vielen Werken gehören mehrere *Rick and Morty*-Comics für ONI Press, ein Remake von *Quantum and Woody* für Valiant (das fünfmal für den Harvey Award nominiert wurde, u. a. für den besten Autor), über ein Dutzend Marvel-Comics zu u. a. *Gambit, Captain America* und *Spider-Man* sowie das *Transformers/My Little Pony*-Crossover für IDW und jede Menge andere coole Sachen. Zudem zeichnet sich James für mehrere eigene Reihen verantwortlich, z. B. für die düstere SF-Komödie *Field Tripping*, für das für den Manning Award nominierte *End Times of Bram & Ben* sowie für die Body-Horror-Serien *Evolution* und *Thief of Thieves* für Skybound (zusammen mit *The Walking Dead*-Schöpfer Robert Kirkman). Außerdem hat er mehrere Marvel-Projekte für Disney+ verfasst und Shows für die Networks History und Discovery geschrieben und produziert. Mit seiner Frau und zwei absolut großartigen Kindern lebt James außerhalb von Portland, USA.

www.paninishop.de

Deutsche Ausgabe erschienen bei Panini Verlags GmbH, Schloßstr. 76, 70176 Stuttgart.

Geschäftsführer: Hermann Paul
Head of Editorial: Jo Löffler
Head of Marketing: Holger Wiest
Projektredaktion: Andreas Kasprzak
Übersetzung: Andreas Kasprzak
Lektorat: Katja Böhm, Tom Grimm
Satz und Layout: Roberts Urlovskis
Presse und PR: Steffen Volkmer

YDRMKB001
ISBN 978-3-8332-4218-2
1. Auflage, Oktober 2022

Amerikanische Originalausgabe erschienen 2022
bei Insight Editions, San Rafael, Kalifornien:

Publisher: Raoul Goff
VP of Licensing and Partnerships: Vanessa Lopez
VP, Creative: Chrissy Kwasnik
VP, Manufacturing: Alix Nicholaeff
VP, Editorial Director: Vicki Jaeger
Senior Editor: Justin Eisinger
Associate Editor: Harrison Tunggal
Senior Production Editor: Elaine Ou
Production Manager: Deena Hashem
Senior Production Manager, Subsidiary Rights: Lina s Palma-Tenema

Fotos: Ted Thomas
Fotodesign/Coverdesign: Judy Wiatrek Trum
Food- und Prop-Styling: Elena P. Craig
Assistenz Food-Styling: August Craig

Design von Amazing15 • Coverillustration von Ryan Lee